Das Vorlesebuch für Mädchen

Das Vorlesebuch für Mädchen

Loewe

Der Umwelt zuliebe ist dieses Buch auf chlorfrei gebleichtem Papier gedruckt.

ISBN 978-3-7855-7785-1
1. Auflage 2013

Geschichten bereits als Einzelbände im Loewe Verlag erschienen:
Die Elfenballerina tanzt mit den Sternen, Prinzessin Rosalea rettet die Elfenkönigin, Silberflosse – Der Lichterschatz der Delfine und *Ponygeschichten*

Umschlagillustration: Julia Ginsbach
Printed in Poland

www.loewe-verlag.de

Inhalt

Prinzessin Rosalea rettet die Elfenkönigin

Kaffee
BIO

Rosalea macht Experimente

In der Goethestraße Nummer zwölf, gleich neben dem Schreibwarenladen, befand sich die Konditorei der Familie Kardamon. Mit wippenden Beinen saß Rosalea auf der Anrichte hinter der Theke und beobachtete ungeduldig die ältere Dame, die mit gespitzten Lippen die Torten und Kuchen in der Auslage betrachtete.

Frau Kardamon warf ihrer Tochter einen entschuldigenden Blick zu. Sie seufzte leise und schlug ihrer Kundin vor: „Wie wäre es denn heute mal mit einem Stück Erdbeerkuchen, Frau Kugel?"

Die Dame wiegte unentschlossen den Kopf hin und her.

„Der Erdbeerkuchen ist wirklich lecker", mischte sich Rosalea ein.

„Ach, Rosalea!", erwiderte Frau Kugel. „Aus der Backstube duftet es so herrlich nach Schokolade. Kann es vielleicht sein, dass du gerade mal wieder deine berühmte Rosalea-Schokolecker-Torte backst?" Erwartungsvoll schaute Frau Kugel Rosalea an.

Doch die schüttelte den Kopf. „Ich versuche gerade etwas Neues. Aber diesmal wird es keine Torte. Es wird eher flüssig."

„Wie bedauerlich!", seufzte Frau Kugel und entschied: „Dann packen Sie mir bitte ein Stück Erdbeerkuchen ein, Frau Kardamon."

„Gerne!", erwiderte Rosaleas Mutter.

Nachdem Frau Kugel gezahlt hatte und ihr eingepacktes Kuchenstück zur Ladentür balancierte, flüsterte sie Rosalea verschwörerisch zu: „Was immer du da in der Backstube erfindest, wenn es fertig ist, musst du es mir zum Kosten geben. Denn die Kuchen und Torten deines Vaters sind schon erstklassig, aber nichts auf der Welt ist so gut wie deine Schokoladentorte. – Oh, wie das duftet!“

Das Glöckchen an der Ladentür bimmelte und Frau Kugel ging winkend am Schaufenster vorbei.

Rosalea sprang von der Anrichte.

„Komm jetzt, Mama! Du musst doch meine neueste Erfindung probieren und sagen, was noch fehlt.“

„Warte, Rosalea!“, protestierte Frau Kardamon. Doch da hatte Rosalea sie schon in die Backstube gezerrt.

Frau Kardamon schaute sich suchend um. In der Spüle entdeckte sie einen Topf, von dessen Rand eine dunkelbraune Flüssigkeit tropfte. Daher kam also der herrliche Duft nach Schokolade. Rosalea zog sie schnell weiter. Frau Kardamon schnupperte. Den ganzen Flur entlang und die Treppe hinauf kringelte sich die schokoladige Duftwolke bis in Rosaleas Zimmer. Und das war nicht irgendein Zimmer, sondern ein Prinzessinnen-Zimmer. Denn Rosalea war eine Prinzessin – eine richtige, echte, wirkliche Prinzessin. Und eine wahre Prinzessin hatte rosa Vorhänge an den Fenstern, rosa Bettwäsche, einen rosa Kleiderschrank und einen rosa Flauscheteppich. Auch die Rosen um den Wandspiegel herum waren rosa, genauso wie …

„Alex?"

Rosalea blieb wie angewurzelt stehen.

„Was machst du hier?"

Mitten auf ihrem rosa Prinzessinnenbett mit den schönen, wallenden rosa Vorhängen lag ihr Bruder Alex ausgestreckt, zerknautschte die rosa Kissen und verschränkte die Arme lässig hinter dem Kopf. Und er hatte noch nicht mal seine dreckigen Schuhe ausgezogen.

„Ich bin dem Duft gefolgt", erklärte Alex, richtete sich auf und deutete auf die zwei Porzellantassen, die auf Rosaleas Kommode standen.

Rosalea schaute zwischen Alex und der Kommode hin und her.

Aus den Tassen dampfte es nicht mehr und auf Alex'

Oberlippe zeichnete sich ein verräterisches Schokobärtchen ab.

Wütend stampfte Rosalea mit dem Fuß auf.

„Du hast meinen Kakao getrunken!", schrie sie.

„Das durftest du nicht!"

„Vielleicht nicht", gestand Alex. „Aber er ist wirklich gut! – Und außerdem kannst du ja neuen machen."

„So einfach geht das nicht."

Rosalea kämpfte mit den Tränen.

„Alexander, das war nicht nett von dir", ermahnte Frau Kardamon ihren Sohn. „Du entschuldigst dich sofort bei deiner Schwester!"

Alex grinste schief, rutschte vom Bett und schlenderte zur Tür. „'tschuldigung, Schwesterchen. Gleich bring ich dir Nachschub!"

„Das kannst du überhaupt nicht!", fauchte Rosalea hinter ihrem Bruder her. „Das ist nämlich mein Spezialkakao gegen Kummer und Sorgen. Du kennst das Rezept nicht!"

„Dann eben nicht!", rief Alex und polterte wie ein Elefant die Treppe hinunter.

Frau Kardamon legte der schluchzenden Rosalea den Arm um die Schultern. „Lass dich nicht immer von Alex so ärgern", sagte sie. „Und jetzt gehen wir beide wieder runter. Gleich ist Feierabend, ich schließe den Laden ab, räume

die restlichen Torten und Kuchen in die Kühlung, und du machst uns in der Zwischenzeit noch mal deinen Spezialkakao. Einen Kakao gegen Kummer und Sorgen kann man immer gut gebrauchen!“

Rosalea lächelte ihre Mutter an.

„Mama, Kundschaft!“, drang Alex’ Stimme die Treppe herauf.

Frau Kardamon seufzte. „Ich muss in den Laden. Treffen wir uns dann gleich in der Backstube, Rosalea?“

„Ich muss nur noch etwas holen“, antwortete Rosalea.

Frau Kardamon nickte und eilte die Treppe hinunter.

Rosalea wischte sich über die Nase und ging zur Kommode. Sie zog die oberste Schublade auf und nahm eine Tafel Schokolade heraus.

Da ertönte plötzlich wie aus weiter Ferne eine leise Stimme. Sie klang wie der Hauch des Windes. Fein, zart und wie ein wisperndes

Flüstern. Rosalea schaute sich um. Woher mochte diese Stimme nur kommen?

„Meine Spieluhr!“, hauchte Rosalea.

Kein Zweifel, die Stimme drang aus dem Kästchen, das neben den Porzellantassen auf der Kommode stand. Mit klopfendem Herzen legte Rosalea die Schokolade auf die Kommode und nahm ihre Spieluhr in die Hand. Schnell lief Rosalea zur Zimmertür und machte sie zu. Dann holte sie tief Luft und öffnete langsam den Deckel. Ihre Finger zitterten. Zum Vorschein kamen kleine Figürchen. Ein König mit seiner Königin und dem gesamten Hofstaat. In der Mitte stand die Prinzessin zum Tanzen bereit. Alles sah aus wie damals, als Rosaleas Vater ihr diese bezaubernde Spieluhr geschenkt hatte.

Rosalea kniff die Augen zusammen. „Wer spricht denn da?“, flüsterte sie der Spieluhr zu. Sie wartete und wartete.

Keine Antwort. Die Spieluhr blieb stumm.

Rosalea wagte kaum zu atmen. Sie hatte sich nicht verhört. Die Stimme war aus der Spieluhr gekommen. Das wusste sie ganz genau. Genauso sicher, wie sie wusste, dass ihre Spieluhr magisch war.

„Hallo?“, versuchte sie es noch einmal.

„Hier ist die Elfenkönigin!“

Rosalea starrte mit kugelrunden Augen die Spieluhr an.

„Die Elfenkönigin?“, wiederholte sie leise.

„Rosalea, kommst du runter?“, hörte Rosalea ihre Mutter

rufen. „Ich schließe jetzt den Laden zu. Und dann möchte ich eine große Tasse von deinem Spezialkakao!“

„Warum rufst du nach mir?“, flüsterte Rosalea der Spieluhr zu.

„Weil wir deine Hilfe brauchen“, antwortete zögernd das leise Stimmchen der Elfenkönigin.

Die Einladung

In der Spieluhr erhob sich plötzlich ein Stimmengewirr.

„Fall doch nicht gleich mit der Tür ins Haus!“, sagte eine unbekannte Stimme.

„Genau!“, pflichtete ihr eine zweite Stimme bei. „Du musst die Sache geschickter anpacken.“

Rosalea zog die Stirn kraus.

Was ging denn da vor sich?

„Still jetzt! Ich bin die Elfenkönigin und ich weiß, was zu tun ist!“, hörte Rosalea die Elfenkönigin entscheiden. Ein hohes Räuspern erklang. Dann fragte die Elfenkönigin mit honigsüßer Stimme: „Prinzessin Rosalea, bist du noch da?“

„Ja-a.“ Rosalea nickte.

„Gut“, sprudelte die Elfenkönigin los. „Also, es ist so: Das große Sommer-Sonnenwende-Fest steht gewissermaßen vor der Tür. Bei uns im Elfental wird es immer besonders gefeiert. Wochenlang bereiten wir es vor. Es gibt die köstlichsten Dinge zum Verspeisen, leckere Säfte gegen den Durst. Wir tanzen und feiern. Überall im Elfental werden große Feuer entzündet. Schausteller kommen und führen ihre Künste vor: Feuerschlucker, Zauberer, Zwerge, Kobolde, Feen, Drachen … alle sind unsere Gäste. Es ist immer ein riesiger Spaß.“ Die Elfenkönigin hatte so schnell und ohne Pause gesprochen, dass sie jetzt erst einmal tüchtig nach Luft schnappen musste.

„Jetzt komm endlich zur Sache!“, zischte eine der beiden unbekannten Stimmen.

„Ja doch!“, erwiderte die Elfenkönigin. An Rosalea gewandt fuhr sie fort: „Also, was ist?“

Fragend schaute Rosalea die Spieluhr in ihren Händen an. „Ehm – was meinst du?“, stammelte sie.

„Wirst du denn kommen?“, fragte die Elfenkönigin. „Zu unserem Sommer-Sonnenwende-Fest?“ Ein banges Zittern schwang in der Stimme der Elfenkönigin mit.

„Du lädst mich zu euch ins Elfental ein?“, staunte Rosalea und schnappte nach Luft.

„Genau so ist es. Du sollst unser Ehrengast sein. Morgen Abend beginnt das Fest“, antwortete die Elfenkönigin und

schnell fügte sie hinzu: „Aber du müsstest schon heute anreisen. Wenn es möglich ist, jetzt sofort!"

„Ja, ja, jetzt sofort!", bestätigten die anderen Stimmen.

Rosaleas Wangen glühten vor Aufregung. „Vielen Dank für die Einladung", sagte sie höflich. „Ich komme gerne."

Ein unermesslicher Jubel erscholl aus der Spieluhr.

„Ihr werdet sehen, alles wird wieder gut!", hörte Rosalea die Elfenkönigin seufzen. „Prinzessin Rosalea wird uns retten!"

„Psst!", zischte jemand die Elfenkönigin zur Ordnung. „Nun hast du dich schon wieder verplappert!"

„Wovor denn retten? Wieso verplappert?“, wunderte sich Rosalea und sah die Spieluhr streng an. „Verschweigt ihr mir etwas?“

„Hab ich es nicht gesagt? Jetzt hast du die ganze Sache verbockt!“, schimpfte eine der beiden Stimmen.

„Sei doch nicht so eklig zu mir!“, wisperte die Elfenkönigin. „Ich hab eben fürchterliche Angst. Genau wie ihr. Da kann es schon mal passieren, dass man etwas sagt, was man gar nicht sagen wollte. Du hast dich ebenfalls verplappert mit dem Verplappern. Das war nämlich auch nicht sonderlich geschickt.“ Mit tränenerstickter Stimme stotterte sie jetzt: „Prinzessin Rosalea, bitte sei nicht böse. Wir würden uns wirklich sehr, sehr freuen, wenn du mit uns das Sommer-Sonnenwende-Fest feiern würdest. Ganz ehrlich! Aber da gibt es noch etwas …“

„Ihr braucht bei irgendetwas meine Hilfe“, sagte Rosalea geduldig.

„Leider ja.“ Geräuschvoll zog die Elfenkönigin die Nase hoch. „Frau Holle hat uns davon erzählt, wie du sie, den Gestiefelten Kater, Hänsel und Gretel, König Drosselbart

und überhaupt das ganze Zauberland von der bösen Zauberin erlöst hast. Und da dachten wir, dass du uns bestimmt auch helfen kannst", druckste die Elfenkönigin herum.

„Rosalea! Wo bleibst du denn?", schreckte Frau Kardamons Ruf Rosalea auf.

Über die Schulter hinweg rief Rosalea: „Komme gleich!"

„Mit wem redest du denn da?", erkundigte sich die Elfenkönigin besorgt.

„Mit meiner Mutter. Sie wartet auf mich. Erzähl schnell weiter!“, antwortete Rosalea.

„Also gut“, sagte die Elfenkönigin. Aber irgendwie klang sie abgelenkt, so als ob sie mit etwas anderem beschäftigt sei.

Da drang ein schrecklicher Schrei aus der Spieluhr. „Alarm! Alarm! Rumpold kommt! Schnell! Rettet euch!“

„Elfenkönigin!“, rief Rosalea entsetzt. „Was passiert da bei euch?“

„Prinzessin Rosalea, bitte komm, so schnell du kannst! Ohne dich sind wir verloren. Du bist unsere einzige und letzte Hoff–“ Die Stimme der Elfenkönigin brach ab. Stattdessen drang ein so furchterregendes Grollen und Brüllen zu Rosalea, dass sie sich am liebsten unter ihrem rosa Prinzessinnenbett versteckt und die Ohren zugehalten hätte. Aber das war natürlich undenkbar. Das Elfental brauchte sie!

Rosalea reist ins Elfental

Schon stand Rosalea vor ihrem Kleiderschrank, zerrte ihr Prinzessinnenkleid vom Bügel und schlüpfte hinein. Im Laufen zog sie sich ihre rosa Prinzessinnenschuhe an und setzte die mit Perlen und Diamanten besetzte Krone auf, mit der König Drosselbart sie zur Prinzessin über das Zauberland gekrönt hatte.

„Sternenflocke, wo bist du?“, rief sie und drehte sich suchend im Kreis herum.

Neben ihrem Bett wartete ihr wunderschönes, treues Einhorn Sternenflocke darauf, dass Rosalea mit ihm ausritt.

„Da bist du ja!", seufzte Rosalea, schnappte sich Sternenflocke und stürmte zur Kommode zurück.

„Also, jetzt komm ich dich aber holen!", rief in diesem Moment Frau Kardamon von der Treppe her.

Rosalea warf einen kurzen Blick über die Schulter. Die Treppenstufen knarrten unter Frau Kardamons Füßen und das Knarren kam viel zu schnell näher.

„Entschuldige, Mama!", flüsterte Rosalea.

Schon griff sie nach der Spieluhr. Da sah sie die Tafel

Schokolade, die sie eben auf der Kommode abgelegt hatte. Kurz entschlossen schob sie sie in die gut versteckte Geheimtasche ihres Prinzessinnenkleides.

„Ich bin ganz schnell zurück. Und dann koche ich sofort meinen Kakao für dich“, versprach Rosalea in Richtung Zimmertür.

Frau Kardamons Schritte hallten über den Flur. Gleich würde sie vor Rosaleas Zimmer stehen. Wie ein Blitz raste Rosalea zu ihrem Bett zurück und warf sich auf die weichen Kissen, Sternenflocke in der einen, die Spieluhr in der

anderen Hand, und zog die Vorhänge um sich herum zu. Flink öffnete sie zum zweiten Mal an diesem Tag die Spieluhr, dann drehte sie mehrmals den Schlüssel, der in einem Loch an der Seite des Kästchens steckte. Ein leises, feines Schnarren ertönte, dann begann die Spieluhr zu spielen. Es war eine ganz zauberhafte Melodie, so lieblich und verträumt. Die Prinzessinnenfigur auf der Spieluhr breitete ihre Arme aus und begann zu tanzen. Der König, die Königin und der gesamte Hofstaat schauten ihr mit fröhlichen Gesichtern dabei zu.

„Halt dich gut an mir fest, Sternenflocke!“, flüsterte Rosalea ihrem Einhorn zu und drückte es ganz eng an sich. „Gleich geht unsere Reise los!“

„Jetzt will ich doch mal nachsehen, was dich hier so lange aufhält“, lachte Frau Kardamon draußen auf dem Flur. Rosalea linste durch den schmalen Schlitz in den Vorhängen und sah zu ihrem großen Entsetzen, wie die Türklinke langsam runtergedrückt wurde.

Rosalea schnappte nach Luft. „Ich möchte so gern im Elfental sein!“, sagte sie mit fester Stimme.

Sie hatte das letzte Wort noch nicht ausgesprochen, als sich wie aus dem Nichts ein Wind erhob, der schnell zu einem Sturm anschwoll. Er riss an den rosa Rosen, die den

Wandspiegel schmückten, und zerrte an den rosa Vorhängen. Es brauste und sauste so laut in Rosaleas Zimmer, dass die feine Melodie der Spieluhr gar nicht mehr zu hören war. Jetzt erfasste der Sturm Rosalea. Er trug sie und Sternenflocke hoch in die Luft, als ob sie leicht wie Federn wären. Wie ein Kreisel drehten sich das Einhorn und Rosalea im Kreis. Schneller, schneller und immer schneller. Jetzt wurden die Kreise immer kleiner und kleiner. Und plötzlich wurden Rosalea und Sternenflocke von der Spieluhr, die Rosalea immer noch in der Hand hielt, magisch angezogen. Als sich der Sturm nach wenigen Sekunden wieder gelegt hatte, waren Rosalea, die Spieluhr und Sternenflocke verschwunden.

Gefahr im Elfental

Der Sturm sauste und brauste, während er Rosalea und Sternenflocke mit sich trug. Knallbunte Farbfetzen flimmerten an Rosaleas Augen vorbei. Aber etwas Genaues erkennen konnte sie nicht. Dafür ging alles viel zu schnell. Doch dann flaute der Sturm zu einem Wind ab und dieser legte Rosalea und Sternenflocke ganz sanft auf die Blüte einer Sonnenblume. Rosalea rückte ihr verrutschtes Krönchen zurecht und hockte sich auf die Knie.

„Sternenflocke, schau mal!“, hauchte sie. „Wie schön es hier ist!“

Sternenflocke schnaubte und trabte zu Rosalea hinüber, die ihrem lebendig gewordenen Einhorn sanft über die Nüstern streichelte. Ein silbrig schimmernder Bach schlängelte sich ohne Eile durch das grüne Tal. Hier gab es Blumen, die Rosalea noch nie zuvor gesehen hatte. Und die Bäume trugen merkwürdige Früchte, die aber sehr, sehr köstlich aussahen. Bunte Vögel zogen am Himmel dahin oder nahmen auf einem Ast ein wärmendes Sonnenbad. Rosalea stand auf und drehte sich ganz langsam um sich selbst. Zwischen den Bäumen hatte jemand bunte Lampions gespannt und überall waren Tische und Stühle aufgebaut worden. Auf einem Teich entdeckte Rosalea eine Bühne, die aus zusammenschwimmenden Seerosenblättern bestand. Das alles hatten die Elfen bestimmt schon für ihr Sommer-Sonnenwende-Fest aufgebaut.

„Das wird ein schönes Fest“, dachte Rosalea.

In der Ferne entdeckte sie einen mächtig hohen Berg, der von oben bis unten grün strahlte. Rosalea kniff die Augen zusammen. Was waren denn das für große Löcher in der Erde, die sich von dem Berg in ihre Richtung erstreckten? Jetzt fielen ihr auch die vielen umgestürzten Bäume auf und die zerrissenen Lichterketten. Oje, was war hier nur geschehen? Vorsichtig trat sie an den Rand der Sonnenblumenblüte und wich erschrocken zurück. Denn sie bemerkte auf einmal, wie hoch die Sonnenblume, auf der sie stand, sich in den Himmel reckte.

„Wie sollen wir denn hier wieder herunterkommen?“, überlegte sie halblaut. „Und wo sind die Elfen?“

„Wir sind hier!", verkündete da eine Stimme, die Rosalea sofort als die der Elfenkönigin erkannte. Rosalea wirbelte herum. Direkt hinter ihr schwebten drei fast durchsichtige Wesen im Sonnenschein.

„Ich bin die Elfenkönigin Graziella", stellte sich die Elfe, die Rosalea am nächsten war, vor. „Und das hier sind Foline und Delila."

Rosalea konnte nicht anders, sie musste die drei Elfen eine Weile lang anstarren. Alle drei hatten spitze Öhrchen, langes goldenes Haar, das schimmerte wie Sternenstaub, und ihre kleinen Flügelchen glänzten durchscheinend mal wie Glas und mal in allen Farben des Regenbogens.

„Tausend Dank, Prinzessin Rosalea, dass du wirklich gekommen bist", sprach die Elfenkönigin weiter und neigte demutsvoll den Kopf. „Wir stehen jetzt schon tief in deiner Schuld!“

„Nun mach schon, Graziella!“, drängelte Delila. „Lass sie uns hier herunterholen, bevor Rumpold zurückkommt und sie zertrampelt!“

Rosalea warf Sternenflocke einen kurzen Blick zu.

Elfenkönigin Graziella nickte und bestimmte: „Wir nehmen sie bei den Händen und schweben mit ihnen in mein Schloss!“

„Aber Sternenflocke und ich sind doch viel zu schwer und zu groß für euch!“, widersprach Rosalea.

Da ließen die Elfen ein klirrendes Kichern hören. „Schau mal an dir hinunter!“, schlug Foline vor.

„Oh!“, staunte Rosalea.

Alles an ihr war plötzlich winzig klein.

„Mit dem Eintritt ins Elfental seid ihr auf Elfengröße geschrumpft“, erklärte Graziella, während sie Rosalea bei den Händen nahm. „Und außerdem sind wir Elfen und können zaubern.“

Foline und Delila flatterten neben Sternenflocke und murmelten gemeinsam einen Zauberspruch, und schon schwebte Sternenflocke, als wäre sie aus Watte. So gelangte die kleine Gesellschaft sicher ins Schloss der Elfenkönigin.

Im Thronsaal standen Honignektar und Löwenzahnsalat bereit.

Rosalea trank einen Schluck Honignektar. „Hmm, der ist köstlich! Aber jetzt will ich wissen, wer dieser Rumpold ist!“

Die Elfenkönigin seufzte schwer und setzte sich auf ihren Thron. „Rumpold ist ein Riesentroll. Er wohnt am Ende des Elfentals in einer Höhle. Und er ist gefährlich!“

„Ein richtiger Rüpel ist er!“, fiel Delila der Königin ins Wort. „Er reißt unsere schönen Bäume aus, um sich mit ihnen den Dreck zwischen den Zähnen rauszupulen. Danach wirft er sie weg. Und du musst nicht meinen, dass er darauf achtet, ob er eine Elfe trifft oder nicht.“

„Rumpold zerstört einfach alles, vor allem unsere schöne Dekoration für das Fest“, erzählte Foline weiter. „Er schleift sogar extra einen dicken Sack Kartoffeln mitten durch all das, was wir wochenlang für das Fest aufgebaut haben. Er zerreißt die Girlanden, wirft die Tische um und macht alles kaputt.“

„Das ist aber gar nicht nett“, sagte Rosalea kopfschüttelnd.

Dicke Tränen kullerten über die Wangen der Elfenkönigin. „Daran hatten wir uns ja schon fast gewöhnt. Aber jetzt ... jetzt ...“, stammelte sie mit tränenerstickter Stimme. „Jetzt hat er einige meiner Untertanen gefangen und in seine Höhle geschleppt. Und wir können gar nichts dagegen unternehmen. Er ist viel zu stark und zu groß für uns.“

Delila und Foline reichten ihrer Königin Rosenblütenblätter, mit denen sie sich fast geräuschlos das feine Näschen schnäuzte.

„Das ist ja fürchterlich!“, rief Rosalea entsetzt. „Zaubert ihn doch lieb!“

Die drei Elfen schüttelten bedauernd ihre kleinen Köpfe. „Wir haben wirklich schon alles versucht. Alle Elfen aus dem Elfental haben gleichzeitig den gleichen Zauberspruch ausgesprochen. Er war vollkommen wirkungslos. Rumpold hat sich einmal kurz geschüttelt und dann hat er weiter unsere Bäume ausgerissen", antwortete die Elfenkönigin.

„Alle Elfen aus dem Elfental?", wunderte sich Rosalea. „Wie viele sind das denn? Ihr drei?"

„Nicht doch!", erwiderte Delila ein klein wenig beleidigt. „Wir sind ganz, ganz viele. Nur verstecken sich jetzt alle, weil sie Angst vor Rumpold haben."

Plötzlich bebte die Erde. Das Schloss erzitterte.

„Was ist das?“, brüllte Rosalea gegen den Lärm an.

„Rumpold! Er kommt!“, riefen die Elfen aufgeregt. Da gab es ein lautes Krachen und ein Ächzen. Das Dach des Schlosses wurde in die Luft gehoben und im hellen Schein der Sonne, der jetzt den Thronsaal erfüllte, senkte sich ein riesiger schwarzer Schatten zu Rosalea und den Elfen herab.

„Rette sich, wer kann!“, kreischten die Elfen und versuchten in wilder Panik, der Hand des Riesentrolls zu entkommen, die sich durch den Thronsaal tastete.

„Wo seid ihr denn, meine Kleinen?“, dröhnte Rumpolds Stimme von den Wänden wider. Und nun tauchte sein Gesicht vor der Sonne auf. Er kniff ein Auge zusammen, schielte in den Thronsaal hinein und entdeckte die Elfen. Hinter Rosalea hatten sie sich in eine Ecke gedrängt. Sie schlotterten vor Angst. „Ah, da seid ihr ja!“, raunte Rumpold. Langsam, ganz langsam kam seine Hand näher. Ungeschickt warf er Tische und Stühle um. An seiner rauen Haut blieben die Seidenvorhänge und der königliche Baldachin hängen. Das Geräusch des reißenden Stoffes ließ Rosalea und den Elfen die Haare zu Berge stehen. Unaufhaltsam bewegte sich die Hand des Riesentrolls auf Rosalea zu.

Rosalea schluckte schwer. Gleich würde die Hand sie packen. Rosalea schloss die Augen.

In letzter Sekunde stieß die Elfenkönigin sie mit einem beherzten Schubs beiseite und die Riesenhand bekam die Königin zu fassen, umschloss sie und trug sie mit sich davon.

Eine mutige Entscheidung

Einen kurzen Moment standen Rosalea, Delila und Foline wie Marmorsäulen im Thronsaal und starrten dahin, wo eben noch die Decke gewesen war und sich jetzt der schwarz behaarte Arm des Riesentrolls vom blauen Himmel abhob. Im nächsten Augenblick schien die Sonne auf den leeren Thron der Elfenkönigin und die donnernden Schritte des davonstampfenden Riesentrolls ließen die Erde beben.

Foline war die Erste, die ihre Stimme wiederfand. „Er hat Graziella entführt, unsere Königin. Was sollen wir denn jetzt nur machen?" Verzweifelt schaute sie erst Delila und dann Rosalea an.

Mit einem Satz saß Rosalea auf Sternenflockes Rücken. „Ich weiß zwar noch nicht wie, aber ich werde Graziella und all die anderen Elfen retten!"

Die Elfen blickten sich kurz an. Dann holte Delila ganz tief Luft und verkündete: „Foline wird die Elfenkönigin vertreten. Und ich komme mit dir!" Das ängstliche Zittern in ihrer Stimme war nicht zu überhören, auch wenn sie sich alle Mühe gab, tapfer zu klingen.

„Das musst du nicht", versicherte ihr Rosalea.

„Ich will es aber. Schließlich geht es um meine Königin", antwortete Delila tapfer.

Rosalea nickte. „Dann lass uns keine Zeit verlieren!"

Schweigend ritt Rosalea auf Sternenflocke neben der schwebenden Elfe her. Der Weg zur Höhle des Riesentrolls war nicht schwer zu finden. Denn die Löcher, die Rosalea von ihrem Ausguck auf der Blüte der Sonnenblume aus gesehen hatte, waren nichts anderes als die kraterartigen Fußabdrücke von Rumpold, dem Riesentroll. Unhörbar seufzte Rosalea auf. Wie sollte sie nur die Elfen aus ihrer Gefangenschaft befreien? Sie war auch nicht stärker als die Elfen, und sie, Prinzessin Rosalea, konnte noch nicht mal zaubern. Wieder seufzte sie, doch diesmal lauter, als sie wollte. Da warf Sternenflocke den Kopf in den Nacken, schnaubte aufmunternd und trabte stolz dahin.

Rosalea beugte sich vor und flüsterte Sternenflocke zu: „Ich weiß, du passt auf mich auf.“

Das Einhorn schnaubte bestätigend.

„Oje, was ist das denn?“, raunte in diesem Moment Delila und schwebte Schutz suchend ganz nah zu Rosalea. Quer über den Weg hatte jemand mit weißer Farbe geschrieben: *Hier beginnt das Reich von Riesentroll Rumpold. Jeder weitere Schritt, ob geschwebt oder gegangen, kann für Elfen sehr, sehr gefährlich werden!* Delila sah verzweifelt aus.

„Möchtest du umkehren?“,
fragte Rosalea leise.

Doch bevor die Elfe antworten konnte, blitzten Rosaleas Augen auf.

„Setz dich hinter mich!“, forderte sie die Elfe auf. „Dann gehst du nicht und du schwebst auch nicht.“

„Fantastische Idee!“, freute sich die kleine Elfe und schmiegte sich ganz nah an Rosaleas Rücken.

Kurz darauf erreichten sie den silbrig schimmernden Bach. Doch hier war er kein Bach mehr, sondern ein reißender Fluss.

„Kannst du da durchschwimmen?", fragte Rosalea ihr Einhorn.

Sternenflocke schnaubte und schüttelte ihren Kopf, dass die weiße Mähne nur so durch die Luft flog. Was war nun zu tun?

„Mach dir keine Sorgen", meldete sich die Elfe von hinten zu Wort und sprach einige gemurmelte Worte. In Windeseile baute sich eine Holzbrücke über den Fluss auf und Sternenflocke konnte darüber zur anderen Seite traben. Jetzt war es nicht mehr weit bis zu dem Berg, in dem die Höhle des Riesentrolls sein musste. Da versperrte ihnen ein Schild den Weg: *Ab hier ist der Zutritt so was von verboten, verbotener geht es gar nicht mehr.*

Daneben hatte Rumpold zur Warnung mehrere Fratzen gemalt.

„Der will aber wirklich keinen Besuch haben!“, meinte Rosalea eingeschüchtert und lenkte Sternenflocke um das Schild herum.

Schnell hatten sie den Fuß des Berges erreicht. Rosalea und Delila glitten lautlos vom Rücken des Einhorns. Rosalea fröstelte. Die Angst kroch ihr den Rücken hinauf. Was würde sie wohl in der Höhle erwarten?

Riesentroll Rumpold

Rosalea nahm Sternenflocke bei den Zügeln und führte sie hinter sich durch das Gras. Delila flatterte mit hektischen Flügelschlägen neben Rosalea her. Die kleine Elfe war sehr, sehr aufgeregt. Immer wieder schaute sie sich besorgt nach allen Seiten um. Aber sie kamen nur langsam vorwärts, denn das Gras war hoch und der Boden unwegsam. Ständig mussten Rosalea und das Einhorn aufpassen, dass sie nicht in längst zugewachsene Fußspuren des Riesentrolls fielen. Endlich lag der Eingang zu Rumpolds Trollhöhle vor ihnen. Rosalea, Sternenflocke und Delila suchten unter einem Kleeblatt Schutz und linsten zur Höhle hinüber.

„Ach, du liebes Lieschen!", staunte Rosalea. „Ich habe noch nie so einen verwilderten Garten gesehen wie den hier!"

Auch Delila staunte. „Alles ist zugewuchert, der Rasen nicht gemäht und die Blumen, Bäume und Sträucher wachsen, wie sie wollen. Ts, ts, ts, ts!", schnalzte die Elfe abfällig.

Plötzlich bekam Rosalea große Augen. „Guck mal! Das ist bestimmt eine Hängematte für einen Riesentroll. Und da – die Schaukel! Darauf hätte meine ganze Schulklasse Platz. Wahnsinn!"

Da begann der Boden unter ihren Füßen wieder zu erzittern. Sternenflocke scheute kurz. Und dann stampften di-

rekt an ihren Nasen zwei riesengroße, dreckige Füße vorbei auf den Eingang der Höhle zu und eine Stimme dröhnte: „Ich habe Feuerholz geholt, meine Damen! Gleich gibt es Essen."

Rosalea sah Delila fragend an.

Die Elfe nickte bestätigend und flüsterte: „Das ist er. Das ist Riesentroll Rumpold."

„Ich habe schon einmal gegrillte Heuschrecken gegessen, etwas ganz Feines, kann ich euch versichern. Die haben auch so Flügelchen wie ihr und sie sind auch nicht viel größer. Echt lecker!"

Rosalea und Delila schauten sich erschrocken an. Die kleine Elfe schluckte schwer, bevor sie mühsam hervorbrachte: „Meinst du, er will meine Freundinnen essen?"

„Komm!", erwiderte Rosalea, packte die Elfe bei der Hand und zog sie hinter sich her.

Das Einhorn reckte den Kopf, sodass sein Horn im Sonnenlicht glitzerte, und folgte treu ergeben seiner Prinzessin in die Gefahr. Bis auf ein großes Feuer herrschte in der Höhle Dunkelheit. Es dauerte eine Weile, bis sich die Augen von Rosalea und Delila an das Dämmerlicht gewöhnt hatten. Doch dann erkannten sie riesengroße Stühle, einen Tisch von der Höhe eines Hauses und ein Bett, so groß wie ein Schwimmbad. Über der Feuerstelle baumelte ein gewaltiger Topf von einem Dreibein und davor stand Riesentroll Rumpold. Rosalea schauderte. Aus seinen Ohren wuchsen dicke schwarze Haarbüschel. Seine langen Haare fielen ihm tief ins Gesicht, aus dem eine knubbelige Nase hervorlugte.

„Iiih!", ekelte sich Rosalea.

Der Riesentroll steckte jetzt einen schmutzigen Finger in den Topf, leckte ihn ab und sagte: „Es dauert gar nicht mehr

lange, dann ist sie warm genug."

„Schnell, Rosalea!", wisperte die Elfe Delila aufgeregt. „Wo sind die anderen? Wir müssen sie finden und befreien, bevor er sie in den Kochtopf wirft!"

Rosalea sah sich in der Höhle um.

„Da!" Sie deutete auf einen goldenen Käfig.

Der Käfig stand auf einem Höhlenvorsprung und in dem Käfig drängten sich die gefangenen Elfen Schutz suchend an die Elfenkönigin Graziella.

Delila ballte ihre kleinen Fäustchen. „Oh, dieser gemeine, fiese Rumpold! Er hat sie in einen goldenen Käfig gesperrt. Das ist so gemein, gemein, gemein! Weißt du, das Gold bindet die Zauberkraft der Elfen. Solange sie in dem Käfig sind, ist ihr Zauber wirkungslos, und durch die engen Stäbe können sie auch nicht huschen. Elfen verbrennen sich an Gold. Sie dürfen es nicht anfassen."

Mit zusammengekniffenen Augen schaute Rosalea zu dem Käfig hoch. An seiner Tür baumelte ein altes, verrostetes Vorhängeschloss. Vielleicht … ja, vielleicht. Es kam auf einen Versuch an!

Da rieb sich der Troll vor dem Feuer die Hände und sagte: „Gleich ist es so weit, meine Lieben!"

Jetzt war keine Zeit mehr zu verlieren.

Rosalea hob ein Stöckchen vom Boden auf, steckte es zwischen die Zähne und forderte Delila auf: „Flieg mich zu dem Käfig hinauf."

„Was hast du vor?" Die Elfe zögerte. Als sie Rosaleas flehenden Blick sah, seufzte sie kurz, nahm Rosalea an beiden Händen und flatterte mit ihr zum Käfig hinauf. Unter den Augen der aufgeregten Elfen klammerte sich Rosalea an den Gitterstäben fest.

„Flieg jetzt zu Sternenflocke zurück", sagte sie zu der kleinen Elfe. „Hier kannst du mir nicht helfen."

Kaum hatte Delila kehrtgemacht, steckte Rosalea das Stöckchen in das Schlüsselloch des Schlosses und drehte es hin und her, her und hin. Aber das Schloss ließ sich beim besten Willen nicht öffnen.

Rosalea ließ die Schultern hängen.

„Funktioniert nicht, oder?“ Elfenkönigin Graziella war an die Gitterstäbe getreten und schaute Rosalea hoffnungslos an. Gerade wollte Rosalea den Mund öffnen, um etwas zu erwidern, da wurde sie von hinten gepackt. Wie ein Pendel baumelte sie kopfüber vor der dicken Nase von Riesentroll Rumpold.

„Noch eine Elfe! Herzlich willkommen!“, sagte er, öffnete den Käfig und warf Rosalea hinein.

Gefangen

Riesentroll Rumpold schlurfte zum Herd zurück.

Wie wild rüttelte Rosalea an den Gitterstäben. „Lass mich hier raus!“, rief sie.

Aber der Riesentroll lachte nur ein tiefes, gurgelndes Lachen und drehte sich noch nicht mal um.

„Jetzt bist auch du Rumpolds Gefangene, Prinzessin Rosalea“, flüsterte die Elfenkönigin und legte Rosalea sanft eine Hand auf die Schulter. „Bitte entschuldige. Das wollte ich nicht."

Rosalea lächelte schief. „Das ist nicht deine Schuld."

Plötzlich brodelte und zischte es und ein ganz schrecklicher Gestank breitete sich in der Höhle aus.

„Verdammt noch eins!", brüllte der Riesentroll und die Elfen bibberten.

Rosalea streckte ihren Kopf durch die Gitterstäbe.

Wütend riss Riesentroll Rumpold den Topf vom Dreibein und schleuderte ihn auf den Boden, dass es krachte.

„Mir ist die Milch übergekocht, meine Damen", informierte er die Elfen. „Dann gibt es heute eben kein Abendbrot."

Rosalea beobachtete, wie Rumpold mit hängenden Schultern zum Höhleneingang schlurfte, sich auf einem Felsbrocken niederließ und der Abendsonne sein dreckiges Gesicht entgegenstreckte. Nach einigen Minuten drehte er sich ächzend um. „Wollt ihr auch ein wenig die Sonne genießen?"

Aufgeregt flatterten die Elfen durcheinander. Stöhnend rappelte sich der Troll hoch, ging wieder in die Höhle und schnappte sich den Käfig, um ihn dann neben sich auf den Felsbrocken in die Sonne zu stellen.

„Wie wäre es mit einem schönen Lied?", fragte Rumpold.

„Ich liebe Musik. Wir könnten zusammen ein Lied für den Sommer singen.“

Aber den Elfen blieb vor lauter Angst vor dem Riesen jeder Ton im Halse stecken.

Rosalea legte den Kopf schräg und zog die Nase kraus. Dieser Riesentroll war ganz schön seltsam. Eben hatte er doch die Elfen noch kochen und essen wollen, und nun sollten sie in der Sonne ein Lied mit ihm singen? Was hatte Rumpold bloß vor?

„So, so!“, stellte Rumpold jetzt fest. „Ihr wollt also nicht mit mir singen.“ Beleidigt verschränkte er die Arme vor der Brust. „Dann lasst es eben.

Morgen früh reise ich sowieso zu meinen Freunden in den Norden. Wir feiern dann ein rauschendes Fest zur Sommer-Sonnenwende. Das ist viel besser als euer doofes Fest. Das könnt ihr mir glauben!“

Rumpold drehte sich zur anderen Seite und streckte die Beine aus. Sosehr Rosalea sich auch abmühte, sie konnte sein Gesicht nicht mehr sehen. War er eingeschlafen?

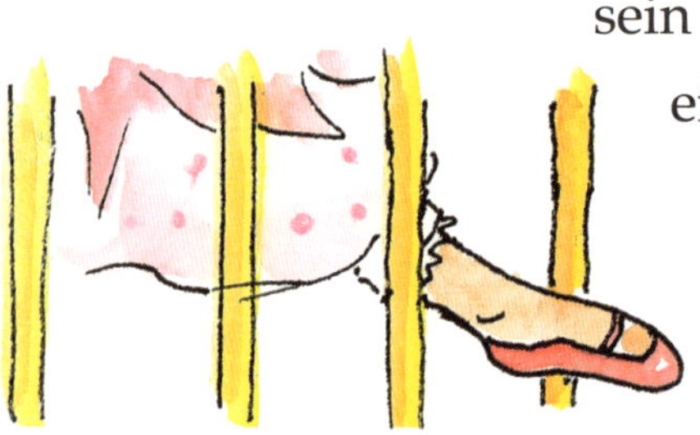

Vorsichtig streckte Rosalea einen Fuß durch die Gitterstäbe. Blitzschnell zog sie ihn zurück.

Rumpold hatte sich bewegt. War er doch noch wach? Seine Schultern bebten. Sie zuckten im Rhythmus der leisen Schluchzer, die aus seinem Hals kamen.

„Riesentroll Rumpold weint ja!“, stellte Rosalea ungläubig fest.

Dicke Trolltränen klatschten vor Rumpold auf den Boden und versickerten sofort zwischen den Grashalmen.

„Was hat er denn nur?“, wandte sich Rosalea an die Elfenkönigin.

Graziella hob ihre schmalen Schultern. „Woher soll ich das wissen?“

„Auf jeden Fall ist er traurig“, stellte Rosalea fest. Ihr Gesicht hellte sich auf. Gegen Kummer gab es doch etwas!

Rumpolds Geschichte

Eilig versuchte Rosalea, aus dem Käfig heraus auf den Boden zu sehen.

„Delila? Sternenflocke?“, rief sie so laut, wie sie sich gerade traute.

Da machte Rosalea neben einem Moosbüschel einen weißen Fleck aus. Sie kniff die Augen zusammen. Auch wenn sie sich nicht absolut sicher sein konnte, hoffte sie so

sehr, dass es Sternenflocke war, auf deren Rücken hoffentlich, hoffentlich die kleine Elfe funkelte. Jetzt löste sich eine glitzernde Gestalt von dem weißen Fleck. Im Licht der Sonne leuchtete sie in allen Farben des Regenbogens. Es war tatsächlich Delila, die auf Rosalea zuflog. Dabei ließ sie allerdings den weinenden Riesentroll nicht aus den Augen.

Glücklich lächelte Rosalea der Elfe zu, schob sich zwischen die Gitterstäbe und winkte sie eifrig zu sich heran.

„Was hast du vor, Rosalea?", wisperte eine der anderen Elfen Rosalea zu. „Sei bloß vorsichtig!"

„Vertraut mir!", meinte Rosalea und legte ihren Zeigefinger auf die Lippen.

Ängstlich drängten sich die Elfen im hinteren Teil des Käfigs aneinander. Sie hielten sich bei den Händen und reckten die Hälse, um mit furchtsamen Blicken zu verfolgen, was da vorn passierte. Vorsichtig darauf bedacht, ja nicht mit den Flügeln die gefährlichen goldenen Gitterstäbe zu berühren, schwebte jetzt Delila neben Rosalea.

„Was kann ich für dich tun, Prinzessin?"

Rosaleas Finger krampften sich fest um den Gitterstab. „Nur nicht nach unten gucken!", dachte sie bei sich.

Der Felsbrocken war gefährlich hoch. „Bitte, bring mich zu Sternenflocke", bat sie Delila.

Die Elfe nahm sie an die Hand und flog, verfolgt von den aufgeregten Blicken der anderen Elfen, zu dem wartenden Einhorn. Kaum saß Rosalea auf Sternenflockes Rücken, zog sie Delila hinter sich und flüsterte dem Einhorn zu:

„Sternenflocke, jetzt kommt es auf dich an! Bring uns in die Höhle zurück. Aber ganz, ganz vorsichtig!"

Mit gespitzten Ohren hatte Sternenflocke ihrer Prinzessin Rosalea aufmerksam zugehört. Jetzt setzte sie ganz vorsichtig und behutsam einen Huf vor den anderen. So gelangten die drei unentdeckt bis zu dem umgeworfenen Topf.

Rosalea stellte sich auf die Zehenspitzen und lugte hinein. Sie nickte zufrieden und murmelte: „Das dürfte reichen!“

„Was hast du vor?“, wunderte sich Delila.

Da zog Rosalea die Tafel Schokolade aus ihrer Geheimtasche hervor.

„Kannst du die Schokolade groß zaubern?“, fragte sie die Elfe.

„Eine meiner leichtesten Übungen“, erwiderte Delila, schloss die Augen und murmelte einen Zauberspruch. Kaum hatte sie das letzte Wort ausgesprochen, da machte es *Plumps!* und eine Riesentafel Schokolade lag vor Rosalea.

„Papier abwickeln, und dann muss die Schokolade in den Topf!“, gab Rosalea Anweisungen.

„Hoffentlich ist die Milch noch warm genug.“

Unter Stöhnen und Ächzen bugsierten Rosalea und die kleine Elfe die Schokolade in den Topf. Bald verfärbte sich die Milch zu einer schokobraunen Flüssigkeit.

„Und was jetzt?“, fragte Delila.

„Jetzt brauche ich noch …“

Rosalea legte sich die Hände um den Mund und flüsterte Delila etwas zu.

„Kannst du den besorgen?“, fragte Rosalea gespannt.

Delila nickte. „Natürlich!“

Wenige Augenblicke später hielt Delila Rosalea ein kleines Töpfchen entgegen. „Aus der königlichen Vorratskammer hergezaubert.“

„Damit ist das Rezept perfekt!“, freute sich Rosalea.

„Dieser Honignektar ist sooo lecker süß!“ Delila schwebte über den Topf und gab den goldenen Honignektar zu der bräunlichen Flüssigkeit.

„Ich verstehe aber immer noch nicht, was das Ganze soll“, bemerkte die kleine Elfe, während sie ihre klebrigen Fingerchen abschleckte.

„Das wirst du gleich sehen.“ Rosalea formte ihre Hände zu einem Trichter und rief in Richtung Ausgang:

„Rumpold, wie wäre es mit einer schönen Tasse Kakao?“

„Spinnst du?“, kreischte die Elfe und suchte hinter einem Stuhlbein Deckung.

„Was, wer ruft mich denn da?“

Der Boden erzitterte unter dem schweren Gewicht des Riesentrolls, der langsam näher kam.

„Versteck dich, Rosalea, bitte!“, flehte Delila und Sternenflocke schnaubte zustimmend.

Doch Rosalea bewegte sich nicht von der Stelle.

„Wer immer mich gerade gerufen hat, wo steckst du?“, fragte Rumpold und beugte seinen großen Kopf zur Erde hinab, um besser gucken zu können.

„Ich bin hier!“

Rosalea winkte dem Troll.

„Beim Topf!“

Rumpold schob seine Haare zur Seite und beäugte

Rosalea interessiert. „Du bist ja gar keine Elfe“, stellte er nach einer Weile fest.

„Nein, bin ich nicht“, bestätigte Rosalea.

Mit beiden Händen deutete sie auf den Topf.

„Magst du Kakao trinken?“

„Was ist das denn? Kakao?“, fragte Rumpold misstrauisch und schnüffelte. Noch bevor Rosalea antworten konnte, schwärmte der Troll: „Riechen tut dieses Kakaozeug toll!“ Schon umfasste er mit beiden Händen den Topf und nahm einen tiefen Schluck. Dann wischte er sich mit dem Unterarm über den Mund und rülpste laut: „Lecker!“ Fragend schaute er Rosalea an. „Wer bist du?“

„Eine Freundin!“, antwortete Rosalea.

Da brach der Riesentroll in Tränen aus. „Eine Freundin? Meine Freundin?“

Rosalea nickte.

Der Spezialkakao tat schon seine Wirkung. „Weißt du, wie lange das her ist, dass ich Freunde hatte? – Als ich noch ganz klein war, also was für einen Riesentroll eben klein ist, da hatte ich viele Freundinnen. Jeden Tag hab ich mich mit den Elfen zum Spielen verabredet. Wir waren richtige Freunde. Und jedes Jahr haben wir zusammen das Sommer-Sonnenwende-Fest gefeiert!"

Bei der Erinnerung an vergangene Tage leuchtete Freude in den Augen des Trolls auf. Wieder führte er den Topf zum Mund und trank. „Doch dann bin ich größer und größer geworden und die Elfen haben Angst vor mir bekommen. Sie haben mich gehänselt. Und sie wollten nicht mehr mit mir spielen, weil ich ihre Spiele nicht mehr spielen konnte. Und das Sommer-Sonnenwende-Fest haben sie ohne mich gefeiert!"
Der Troll schniefte.

Rosalea legte ihm die Hand auf den schwarzen kleinen Zeh. Der Troll tat ihr leid. „Und warum hast du die Elfen entführt?", fragte sie.

Rumpold zuckte mit den Schultern. „Na, weil ich doch so einsam war. Ich hab gedacht, wenn ich sie in den Käfig sperre, dann müssen sie mit mir reden. Aber nicht ein Wort haben sie mit mir gesprochen!“ Ein Seufzer schüttelte ihn. „Ich wollte eigentlich nur Freunde haben! Weißt du, meine Freunde im Norden ...“, er schüttelte seinen großen Kopf, „... die gibt es gar nicht. Die hab ich nur erfunden.“ Vorsichtig spähte Delila um das Stuhlbein herum.

Rosalea sah sie vorwurfsvoll an.

Schuldbewusst schaute die kleine Elfe zu Boden.

Das Sommer-Sonnenwende-Fest

Rumpold schluchzte immer noch, als er die Elfen aus ihrem Gefängnis befreite. Schnell hatte Rosalea der Elfenkönigin Bericht erstattet.

Erschrocken schaute Graziella von Rosalea zu dem Riesentroll und wieder zurück: „Ich hatte keine Ahnung davon, dass Rumpold so einsam und traurig war."

„Ihr seid ja auch immer nur vor ihm weggelaufen und habt nicht mit ihm geredet", antwortete Rosalea.

„Er war nur so bockig, weil er traurig war."

Mit einem lauten Trompeten und einem Sturm, der die Baumkronen schüttelte, putzte sich der Riesentroll geräuschvoll die Nase. Die Elfen kreischten wild durcheinander. Verschüchtert schaute der Troll zu Rosalea und den Elfen hinab und murmelte: „'tschuldigung."

„Los!“, sagte Rosalea und schubste Graziella auf den Troll zu. „Wie wäre es mit einer Einladung?“

„Gute Idee!“ Graziella lachte und flatterte hoch in die Luft. Vor der Nasenspitze des Riesentrolls schwebte sie auf der Stelle und sagte: „Riesentroll Rumpold, unser Verhalten tut mir sehr leid. Wenn wir uns alle ein bisschen Mühe geben, können wir bestimmt wieder Freunde sein. Was hältst du für den Anfang von einem wundervollen Sommer-Sonnenwende-Fest? Wir würden uns freuen, wenn du morgen Abend unser Gast wärst!“

„Ehrlich?“, fragte Rumpold und unter dem Schmutz glühten seine Wangen vor Freude auf. „Danke!“

Es sollte das schönste Sommer-Sonnenwende-Fest werden, das die Elfen seit Jahren gefeiert hatten. Die ganze Nacht und den ganzen nächsten Tag lang half Rosalea bei den letzten Vorbereitungen. Und Rumpold reparierte alles, was er kaputt gemacht hatte. Außerdem bastelte er mit den Elfen einen riesengroßen Lampion. Als es am nächsten Abend endlich dunkel wurde, hängte Rumpold ihn an die

Spitze des Trollberges und der Lampion strahlte und funkelte weit ins Elfental hinein, sodass alle wussten, dass das Fest begonnen hatte. Und alle kamen, die Feuerschlucker, Zauberer, Zwerge, Kobolde, Feen und die Drachen. Weit hallte das vergnügte Glucksen und Lachen der kleinen Elfen, als Rumpold die Finger seiner riesigen Hände ineinander verhakte und sich als Riesenschaukel zur Verfügung stellte.

Rosalea jauchzte genauso begeistert wie die kleinen Elfen, als Rumpold sie durch die Luft sausen ließ.

Alle waren fröhlich, alles war wieder gut. Rosalea kochte für alle ihren Spezialkakao. Delila hatte ihr sogar ein kleines Fläschchen Honignektar geschenkt. Doch um Mitternacht musste Rosalea sich von ihren neuen Freunden verabschieden. Gemeinsam brachten die Elfen und Rumpold Rosalea und Sternenflocke zu der Sonnenblume zurück, auf der immer noch die Spieluhr lag. Tausende von Glühwürmchen erleuchteten das Elfenreich, als Rosalea, umschwirrt von den Elfen, die Spieluhr aufklappte. Rumpold kniete vor der Sonnenblume und streckte Rosalea eine seiner Riesenhände entgegen.

„Komm bald wieder, Prinzessin Rosalea!“, sagte der Riesentroll.

Mit beiden Händen umfasste Rosalea den kleinen Riesenfinger. „Ganz bestimmt!", versprach sie und drehte den Schlüssel in der Spieluhr.

„Graziella, Delila, Foline, macht es gut!"

Sternenflocke wieherte und Rosalea legte einen Arm um sie. Die Elfen und Rumpold winkten den beiden noch zu, als ein leises, feines Schnarren erklang und dann die verwunschene Melodie ertönte. Ein Wind kam auf und schon bog sich die Sonnenblume unter dem stärker werdenden Sturm. Rosalea und Sternenflocke wirbelten durch die Luft, immer schneller und schneller, und schließlich verschwanden sie in der Spieluhr.

„Also, sag mal, was ist das denn für eine Art?“ Rosaleas Zimmertür ging auf und Frau Kardamon betrat den Raum. Rosalea lag mit Sternenflocke im Arm auf ihrem Bett und rückte ihre Krone zurecht.

Frau Kardamon schob die Vorhänge an Rosaleas Bett zur Seite. „Erst lädst du mich zu deinem Spezialkakao ein und dann erscheinst du nicht.“

Rosalea zuckte mit den Schultern. „Tut mir leid, Mama“, sagte sie. „Aber ich habe in der Zwischenzeit herausgefunden, was meinem Kakao noch fehlte.“

Frau Kardamon zog die Stirn verdutzt kraus. „In der Zwischenzeit?“

„Das verstehst du nicht“, kicherte Rosalea und befühlte das kleine Fläschchen Honignektar in ihrer Geheimtasche.

Ein Häuptling namens Mia

Ein Häuptling namens Mia

„Los geht's!", rief Mias Vater vergnügt und gab der Kofferraumklappe des alten roten Kombis einen Klaps. Er setzte sich ans Steuer und lächelte seine Frau Susanne an, die schon auf dem Beifahrersitz saß.

Mia lümmelte auf der Rückbank und kaute Kaugummi. „Ich will nicht zu Tante Moralia!"

Tante Moralia wohnte in der Stadt. Sie war nicht verheiratet, hatte eisgraues Haar, das sie stets zu einem strengen Pferdeschwanz band, und besaß allerlei teuren Schnickschnack. Mia musste immer höllisch aufpassen, dass keine ihrer hauchzarten Porzellantassen zu Bruch ging und sie keine Flecken auf den weichen weißen Teppich machte, der sich wie ein riesiger Milchsee durch die ganze Wohnung ergoss. Sogar im Badezimmer hatte Tante Moralia weißen Teppichboden!

„Ich will zu Opa Bert an den See!“ Mia machte eine Kaugummiblase, die so groß war, dass sie fast den Sitz ihres Vaters berührte.

„Ach, Mia“, seufzte der und blickte in den Rückspiegel. Doch alles, was er sah, war eine riesige rosa Kaugummiblase.

Ihre Mutter drehte sich zu Mia um. „Opa Bert ist doch zur Kur. Und Oliver und ich müssen in der Stadt unser neues Projekt vorstellen. Das ist beruflich eine große Chance für uns. Und dass Tante Moralia heute so schön Zeit für dich hat, ist doch wunderbar!“

Paff! Die Kaugummiblase platzte. Mia sog die Reste zurück in den Mund. „Immer euer doofes Projekt!“, stieß sie hervor. „Ich hab Ferien. Das ist mein Projekt!“

Ihre Eltern waren Architekten und planten ständig irgendwelche neuen Straßen und Grünanlagen. Dazu bastelten sie Modelle mit Mini-Häusern, Mini-Bäumen und Mini-Autos. „Wie Lego für Erwachsene“, sagte Mia immer.

Ihre Mutter hatte eine Engelsgeduld, wenn sie mit einer Pinzette winzige Vögelchen auf die Äste der Bäume klebte. Das neueste ihrer Modelle stand neben Mia auf der Rückbank.

Mia seufzte. Sie dachte an ihren Opa und den Ponyhof ganz in der Nähe.

Auf dem Hof lebten die süßesten Ponys, die Mia kannte.

Mia liebte Pferde und sie ritt für ihr Leben gern.

Als sie vier Jahre alt war, war sie bei einem Spaziergang einmal von einem Gatter auf den Rücken eines Islandponys gesprungen und war mit ihm losgetrabt. Ihre Mutter war tausend Tode gestorben und hatte immer wieder geschrien: „Mia, du fällst! Komm zurück, du brichst dir alle Knochen!“

Opa Bert, der alles mit angesehen hatte, hatte nur gelacht und stolz gesagt: „Gut, dass wenigstens eine in der Familie meine Gene geerbt hat.“

Der rote Kombi fuhr durch eine Straße, in der mehrstöckige alte Häuser mit aufwendigen Verzierungen standen.

„Seht mal, der Zirkus ist hier!“ Mias Vater zeigte auf ein buntes Werbeplakat. Er lächelte Mia durch den Rückspiegel an. „Wollen wir heute Abend alle zusammen hingehen?“

„Zirkus ist was für Babys“, sagte Mia mürrisch und sah aus dem Fenster.

„So, da wären wir“, sagte der Vater und bremste vor dem stattlichen Haus, in dessen dritter Etage Tante Moralia wohnte. „Ich bleib sitzen“, sagte Susanne. Sie atmete nervös ein und aus und knetete ihre Hände.

„Drückst du uns die Daumen?“, fragte sie Mia.

Mia antwortete nicht. Dafür drückte sie heimlich ihren Kaugummi auf den Turm im Bastelmodell. Dann stieg sie aus.

„Da seid ihr ja!“, rief Tante Moralia erfreut, als Mia mit ihrem Vater die Treppe hochkam. „Du trägst ja immer noch keine Kleider!“, entfuhr es ihr vorwurfsvoll, als sie Mias kurze Jeans und ihr verwaschenes T-Shirt sah. „Und bitte zieh deine Sandalen aus, ja?“

Mia gehorchte, zog aber damit gleich den nächsten bösen Blick auf sich.

Sie war heute Morgen schon barfuß durchs nasse Gras gelaufen und ein paar Halme hatten sich in ihre Sandalen

verirrt. Jetzt verstreuten sie sich über Moralias weißen Teppich. Moralia seufzte. „Na kommt, lasst uns erst mal Kaffee trinken und ein Stück Torte essen. Wo ist denn Susanne?“

„Vielen Dank für die Einladung“, sagte Oliver, „aber Susanne und ich wollen erst den Termin hinter uns bringen. Nachher, wenn alles vorbei ist, sind wir entspannter.“

„Ich hab auch keinen Hunger. Ich geh lieber 'ne Runde schaukeln“, sagte Mia.

Sie hatte schon den Kaffeetisch erspäht, auf dem eine Schwarzwälder Kirschtorte stand und natürlich die unvermeidlichen hauchdünnen Tässchen und Teller, die schon vom bloßen Anschauen in tausend Stücke zersprangen. „Ja, aber die schöne Tor–“ Moralia klappte den Mund auf und wieder zu.

„Bis später!", sagte Mias Vater und war schon an der Tür.

„Warte auf mich!", rief Mia, schnappte sich ihre Sandalen und lief mit ihm die Treppe runter.

„Aber keinen Unsinn machen. Und in einer Viertelstunde gehst du wieder hoch, ja?" Oliver klopfte ihr auf die Schultern. „Bis später."

Mia nickte zerknirscht. Sie wäre viel lieber mit ihren Eltern mitgefahren.

Aber immerhin war sie für eine kurze Weile den Porzellantässchen und dem Teppich entkommen. Sie stieß die Tür zum Garten auf – und traute ihren Augen nicht: Im Hinterhof, in dem bisher immer nur eine alte, morsche Schaukel gestanden hatte, stand heute ein riesiges Indianerzelt!

Mia strahlte. Sie liebte Indianerspiele! Wenn sie zu Hause durch den Wald streifte, stellte sie sich immer vor, sie sei ein Indianerhäuptling und ihr bester Freund ein Braunbär.

Neugierig lief Mia auf das Zelt zu und schlug die Stoffbahn zurück, die den Eingang darstellte. „He, was soll das? Hau ab! Kein Zutritt für Bleichgesichter!“, rief einer der beiden Jungen, die im Zelt saßen. Sie trugen braune T-Shirts und Federschmuck auf dem Kopf. Außerdem hatten sie Kriegsbemalung im Gesicht. „Und schon gar nicht für Mädchen!“, bekräftigte der zweite Junge. Er war kleiner als der andere und schien etwas jünger zu sein. Sein Haar war hellblond und er hatte blaue Augen. Der Größere hatte rötliches Haar und dunkle Augen.

„Ich will aber mitspielen“, sagte Mia. „Ich bin ein richtiger Indianer.“

Die beiden Jungs lachten. „Du bist allerhöchstens eine Squaw, kein richtiger Indianer“, sagte der Ältere. Aber weil Mia ihn so fest und bestimmt ansah, sagte er nach einer Weile: „Na gut, du darfst das Tipi aufräumen, während wir auf der Jagd sind.“ Ein bisschen Ordnung schadete dem Zelt tatsächlich nicht: Es war voller Decken und Kissen, angebrochener Saft- und Kekspackungen und Spielfiguren.

„Spinnst du?“ Mia zeigte dem Jungen einen Vogel. „Ich gehe mit auf die Jagd!“

Nur äußerst widerstrebend nahmen Gelber Adler und Rote Schlange, so nannten sich die beiden Jungs, Mia mit auf Fährtensuche. Was auf dem harten Betonboden des Hinterhofs gar nicht so einfach war. Außer einem Hundehaufen, in den jemand hineingetreten war (was immerhin ein paar Spuren hinterließ), einem Zigarettenstummel und einer Schneckenschleimspur fanden sie keine nennenswerte Fährte.

„Indianer suchen immer nach abgeknickten Zweigen“, sagte Mia. „Das bedeutet, dass jemand darunter vorbeigegangen ist.“

Das wusste sie aus ihrem Indianergeschichtenbuch. Zu

dritt besahen sie sich den einzigen Baum in diesem kleinen Hinterhof. Doch die wenigen Äste, die er besaß, waren kein bisschen abgeknickt.

„In der Stadt macht Indianersein überhaupt keinen Spaß", stellte Mia fest.

Da ertönte plötzlich ein Schnauben. Es kam aus der Richtung der Mauer, die den Hinterhof von Tante Moralias Haus vom nächsten Grundstück trennte. Mia, Gelber Adler und Rote Schlange sahen sich an. Das Schnauben ertönte erneut. „Was ist das?", flüsterte Rote Schlange. „W…w… weiß nicht", wisperte Gelber Adler. „Vielleicht ein Bär? Lass uns lieber abhauen!"

„Ihr seid ja vielleicht tolle Indianer!“, sagte Mia. „Los, wir müssen nachsehen, was das ist. Vielleicht ist es ein Büffel!“

Gelber Adler und Rote Schlange rissen die Augen auf. Als es hinter der Mauer erneut schnaubte, diesmal noch lauter und näher als vorher, klammerten sich die beiden ängstlich aneinander. Mia grinste. Sie ahnte inzwischen, von wem das Schnauben stammte.

„Macht mal 'ne Räuberleiter!“, befahl sie den beiden Jungs.

Die beiden gehorchten und verhakten ihre Hände ineinander, sodass Mia mit den Füßen in die entstandene Öffnung hineinsteigen konnte wie in einen Steigbügel. Mia zog sich an der Mauer hoch und schaute auf der anderen Seite nach unten. Sie lächelte. Ja, da stand es: ein schwarzes Pony, ein Hengst, mit einem Fell so glänzend wie flüssiges Pech und mit Nüstern so samtig wie feiner Sand am Meer. Die lange, seidige Mähne floss in Wellen über seinen eleganten Hals. Der Hengst sah Mia mit seinen blitzenden Augen herausfordernd an.

Mia setzte sich auf die Mauer und machte schnalzende Geräusche mit der Zunge.

„Kind, geh weg da! Das Tier ist gemeingefährlich!", rief plötzlich eine Frau vom Balkon des Nachbarhauses.

„Das Pferd ist doch nicht gefährlich", dachte Mia. Es ist wunderschön! Doch sie sagte nichts.

„Das Ungetüm hat meine ganzen Hortensien angefressen. Und mein Rasen sieht aus! Wenn das mein Mann Walter sieht, der hat den Rasen erst vor drei Wochen frisch gesät!" Auch auf den Nachbarbalkonen tauchten Leute auf. Gespannt sahen sie zwischen dem schwarzen Hengst und Mia hin und her.

„Hol doch mal einer das Kind von der Mauer!", rief ein Mann. Und eine Frau fügte hinzu: „Hat schon jemand die Polizei alarmiert? Wie kommt das Pferd überhaupt in den Hinterhof?"

Inzwischen war der schwarze Hengst Mias Locklauten gefolgt. Langsam und mit majestätischem Schritt kam er auf sie zu.

Mia lächelte. „Ja, so ist es gut.

Komm nur her", wisperte sie. Der Hengst gehorchte. Die Frau, die Angst um ihren Rasen hatte, quiekte erschrocken auf. „Kind, lass das und komm da runter!"

Mia dachte nach. Wo das schöne Tier wohl herkam?

Und dann stand der schwarze Hengst nur noch einen Schritt von ihr entfernt. Vorsichtig reckte er seinen glänzenden Hals und schnupperte an ihren Zehenspitzen.

Mia kicherte. „He, das kitzelt!" Doch sie hielt still, damit sich das Pferd nicht erschreckte.

Es kam noch näher. Sein warmer Bauch berührte jetzt ihre Wade. Und plötzlich hatte Mia eine Idee. Wie damals, als sie vier Jahre alt war, rutschte sie gaaaanz langsam von

der Mauer herunter, bis sie auf dem Rücken des Ponys saß. Die Leute auf den Balkonen stöhnten entsetzt auf. Einer rief: „Psssst! Ruhe jetzt, Sie machen es nur noch schlimmer!“ Doch der Hengst stand still und ließ sich von Mia auf den Hals klopfen.

„Oh Mann, sie sitzt auf dem schwarzen Hengst aus dem Zirkus, den niemand zähmen kann!“, rief Gelber Adler, der sich inzwischen auch auf die Mauer gezogen hatte.

Mia sah zu ihm hoch und legte ihren Zeigefinger an die Lippen. Dann ritt sie los.

Zunächst eine Runde durch den Hinterhof. *Klack-klack, klack-klack*, tönten die Hufe des Pferdes auf dem gepflasterten Boden. Das Tier hörte auf jeden von Mias „Befehlen“, die sie mit ihrem rechten Oberschenkel gab.

Mia lächelte. Sie beugte sich vor. „Ich bring dich nach Hause“, flüsterte sie dem Pony ins Ohr.

Sie winkte den Zuschauern auf den Balkonen zu und ritt durch die Hintertür in den Hausflur, vorbei an den Briefkästen und den Pappkartons voller Altpapier … und dann zur offenen Vordertür hinaus auf die Straße.

Rote Schlange und Gelber Adler erwarteten sie draußen auf dem Bürgersteig mit ihren Fahrrädern. Sie sahen Mia ehrfürchtig an.

„Wisst ihr, wo der Zirkus ist?“, fragte Mia.

Gelber Adler nickte. Er war gestern mit seinen Eltern in der Vorstellung gewesen. Gemeinsam machten sie sich auf den Weg: Mia hoch zu Ross, die Jungs mit ihren beiden Drahteseln. Die Menschen, an denen sie vorbeikamen, blieben mit offenem Mund stehen.

Der Zirkusdirektor war hocherfreut, sein Pferd wiederzuhaben. „Django ist uns ausgebüxt“, sagte er und brachte das Pony zu seinem Wagen. „Wie hast du das nur gemacht? Niemand außer Fred, dem Pferdeflüsterer, kann Django reiten!“

Mia lächelte stolz. „Ich bin eben ein richtiger Indianer“, sagte sie und zwinkerte den Jungs zu.

Als Belohnung bekamen sie Zirkusfreikarten für sich, ihre Eltern und Tante Moralia.

Tante Moralia wollte gerade zu einer Strafpredigt ansetzen, als sie wenig später ihre Wohnungstür öffnete. Doch sie klappte den Mund wieder zu, als sie sah, dass Mia vom Zirkusdirektor höchstpersönlich nach Hause gebracht wurde. Sie rümpfte zwar die Nase, weil ihre Nichte ziemlich starken Pferdeduft nach sich zog, als sie an ihr vorbeiging, und sie warf auch einen vorwurfsvollen Blick auf die Sandalen, die Mia noch anhatte, sagte aber nichts.

Gelber Adler und Rote Schlange verdrückten jeder zwei Stück Schwarzwälder Kirschtorte. Die Porzellantässchen hatte Tante Moralia vom Tisch genommen. Zum Abschied schenkten die Jungs Mia zwei große Taubenfedern aus ihrem Kopfschmuck. „Kommst du mal wieder, Großer Häuptling?“, fragte Gelber Adler.

„Klar“, sagte Mia grinsend. „Aber nur, wenn ihr bis dahin das Tipi aufräumt!“

Es tönen die Wellen, es flüstert der Sand:
Sechs Perlen verschwanden durch gierige Hand!
Ganoven ohne Scheu und Ehre
raubten die Schätze der Hüter der Meere.

Harko, dem Haifisch, und seinen Kollegen
ist jetzt und für immer das Handwerk zu legen!
Doch wer wagt den Kampf, ohne Schutz, ohne Schild?
Das kann nur, wer diese Bedingung erfüllt:

Ein Herz voller Reinheit, glasklar der Verstand,
mit Liebe zum Wasser, zum Himmel, zum Sand.
Dazu ein treuer Freund mit Magie …
Das Meer sei mit dir, Marie!

Silberflosse –
Der Lichterschatz der Delfine

Licht aus!

Lautes Klopfen weckte Marie. Schläfrig rieb sie sich die Augen und sah auf ihren Wecker. Es war ja schon zehn Uhr! Aber wieso war es noch so dunkel? Sie setzte sich auf und schaute aus dem runden Fenster über ihrem Bett.

Marie lebte mit ihren Eltern in einem alten Leuchtturm direkt am Meer. Er hatte ihrem Großvater gehört, der Leuchtturmwärter gewesen war. Alles war rund bei ihnen: die Zimmer, die Fenster … sogar die Badewanne.

Als Marie nach draußen blickte, sah sie, warum es noch so dunkel war: Dicke graue Wolken hingen am Himmel. Und das Meer, das normalerweise im schönsten Blau erstrahlte, war heute schiefergrau. Schade, sie hatte sich so darauf gefreut, an ihrem ersten Ferientag im Meer zu baden!

„Na, ausgeschlafen?" Maries Mutter stand im Türrahmen und lächelte sie an. Wieder hörte man das Klopfen.

„Papa repariert das Leuchtfeuer im Turm", erklärte die Mutter. „Es ist ausgegangen. Ausgerechnet heute, wo es so dunkel draußen ist …" Sie sah sehr besorgt aus.

„Ich geh Fahrrad fahren!" Marie stand in der Küchentür. Sie hatte Jeans und Turnschuhe an.

„Gute Idee. Aber bleib nicht zu lange weg", sagte die Mutter. Sie saß am Küchentisch und schnitt Salat. „Wir wollen ja nachher noch zu Oma." Sie nahm ein Bund Radieschen aus einem Sieb. „Seltsam. Die Radieschen sind heute gar nicht so schön rot wie sonst …"

Marie sah, was ihre Mutter meinte. Die Knollen waren ganz blass, fast gräulich. Marie grinste. „Sie sehen aus, als wäre ihnen schlecht", sagte sie.

Die Mutter lachte. „Stimmt. Aber wenn wir Oma eine Freude machen wollen, nehmen wir lieber welche, denen es gut geht. Bring bitte vom Markt ein paar neue mit", sagte sie.

„Mach ich!" Marie flitzte die Wendeltreppe zur Haustür hinunter und schwang sich auf ihr Fahrrad. Draußen war es windig und die Wolken waren noch dichter geworden.

Im Hafen lag der Krabbenkutter vom alten Hein. „Moin, Marie!", rief der Seemann. Er war groß und hager. Sein Gesicht war von der Sonne gegerbt und hatte viele Falten. Wie immer trug er eine blaue Latzhose, ein weißes T-Shirt und eine blaue Wollmütze. Die Wollmütze hatte er das ganze Jahr über auf, im Sommer wie im Winter. Alle in der Stadt nannten ihn Hein. Seinen Nachnamen kannte niemand. Nicht einmal der Briefträger. Und niemand wusste, wie alt er war. Er war einfach der „alte Hein".

„Fahr lieber wieder nach Hause", rief er Marie zu. „In der Stadt geht heute alles drunter und drüber. Alle Ampeln spielen verrückt. Und in den Geschäften sind die Lichter aus." Marie lächelte. Der alte Hein war bekannt für sein Seemannsgarn.

Hein bemerkte, dass Marie ihm nicht abnahm, was er da berichtete. „Glaub einem alten Seebären, Mädchen. Heute ist was in der Luft." Er klopfte mit einem Hammer gegen seine Schiffslampe. „Hat den Geist aufgegeben. Und die

war das letzte Mal kaputt, als ich am Nordkap mit den Buckelwalen um die Wette geschwommen bin. Das ist über fünfzig Jahre her! Ich sag's dir, heute ist was in der Luft!" Er hob die Hand zum Gruß und verschwand in der Kajüte.

Marie lachte und radelte weiter.

Auf dem Marktplatz herrschte große Aufregung. Die Stände waren dicht mit Obst und Gemüse bepackt. Aber was war das? Die Tomaten, die Paprika, die Möhren, der Salat … alles war ganz blass und grau.

„Komisch", dachte Marie. „Die sehen ja genauso aus wie unsere Radieschen!" Wie war das möglich? Gemüse konnte doch nicht einfach seine Farbe verlieren!

Lautes Hupen ertönte hinter dem Marktplatz. Marie fuhr hin, um nachzusehen, was da los war. An der großen Kreuzung stauten sich die Autos, weil die Ampeln ausgefallen waren. Alle Fahrzeuge wollten gleichzeitig über die Straße. Neben Marie bremste ein Lieferwagen scharf ab. Sie erschrak und fuhr schnell auf den Bürgersteig.

„Mensch, macht doch mal voran da vorne!", schrie der

Fahrer wütend. „Das ist ja hier der reinste Schnecken-Treff!“ Er schlug mit der Faust auf seine Hupe.

Marie hielt sich die Ohren zu. Was für ein Lärm! Und wie die Abgase der vielen Autos stanken! „Bloß weg hier“, dachte sie. Heute lag wirklich was in der Luft. Und so, wie es aussah, waren das nicht nur Autoabgase.

Magische Begegnung

Als sie über den Damm nach Hause radelte, hörte sie auf einmal jemanden rufen. „Marie!“ Die Stimme rief nach ihr! Sie war hell und klar. Marie hatte sie noch nie gehört. Wer konnte das nur sein?

Schnell fuhr sie zum Strand hinunter und lehnte ihr Fahrrad gegen einen alten Holzsteg. Sie sah sich um. Der Strand war leer. Und auch das Rufen hatte plötzlich aufgehört. Marie schüttelte den Kopf.

„Vielleicht hab ich mir das alles nur eingebildet“, dachte sie und wollte schon wieder umkehren. Doch da fiel ihr Blick auf eine Muschel, die ganz in der Nähe lag. So eine hatte sie hier noch nie gesehen. Sie war wie eine Schnecke geformt und etwa so groß wie eine Walnuss. Rosa war sie und glänzte wie poliert. Marie hob die Muschel auf und hielt sie ans Ohr. Man konnte das Meer darin rauschen hören. Wie schön!

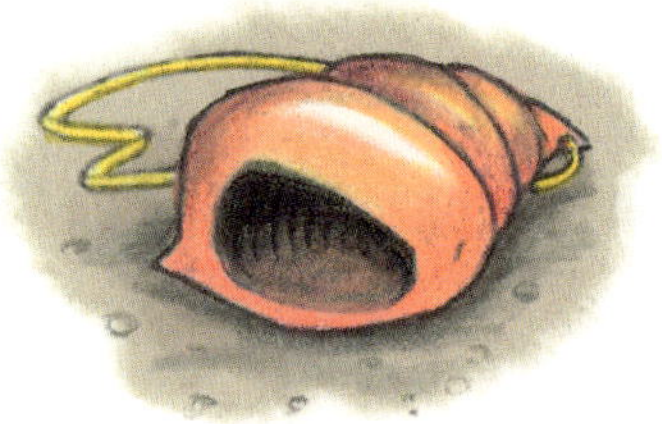

An der spitzen Seite der Muschel war ein feines goldenes

Band befestigt. Marie staunte. Vorsichtig legte sie sich die Kette um den Hals und strich sanft über den schillernden Anhänger. Dann lief Marie weiter.

Eine Welle schwappte ans Ufer und umspülte ihre Füße. Wie warm das Wasser war. Und das, obwohl gar keine Sonne schien! Sie musste unbedingt ein bisschen schwimmen. Wolken hin oder her, ein Ferientag ohne Baden war kein Ferientag!

Marie zog ihre Schuhe, Jeans und T-Shirt aus und legte sie auf die Holzplanken am Steg. Im Sommer trug sie ihren Badeanzug immer direkt unter den Kleidern. Fröhlich rannte sie über den Sand und planschte wenig später aus-

gelassen im Wasser. Wie schade, dass Lisa nicht da war! Lisa war Maries beste Freundin.

Plötzlich krachte es laut. Marie erschrak. Es hatte gedonnert! Sie sah zum Himmel hinauf. Die Wolken waren fast schwarz. Auch das Meer war auf einmal ganz dunkel. Und dann fing es an zu regnen. Dicke, kalte Tropfen klatschten Marie auf Kopf und Schultern. Sie fror. „Schnell raus hier", dachte sie bibbernd. Im selben Moment donnerte es wieder laut, dicht gefolgt von zuckenden Blitzen, die sich im Meer spiegelten. Ein Gewitter!

Marie wusste, dass es lebensgefährlich war, bei Gewitter im Wasser zu sein. So schnell sie konnte, schwamm sie aufs Ufer zu. Doch durch den Sturm waren die Wellen immer größer und wilder geworden. Marie kam nicht voran, so kräftig sie auch paddelte. Der Sog zog ihre Beine immer wieder zurück ins Meer. „Hilfe!", rief sie. Doch niemand hörte sie. Der Strand war leer.

„Marie …" Die schöne Stimme war wieder da! Sie war ihre Rettung! Marie drehte sich um, um zu sehen, woher sie kam. Und erstarrte. Denn hinter ihr bäumte sich eine Welle auf, die größer war als alle, die sie je in ihrem Leben gesehen hatte.

„Oh nein! Hilfe! Hiiilfeeee!" Verzweifelt versuchte Marie, Abstand zu der Welle zu bekommen, die immer näher kam. Doch sosehr sie auch paddelte, sie kam nicht voran. Der

Sog des Wassers war stärker. Und wo war die Stimme auf einmal hin? Marie öffnete den Mund. „Hallo, ich bin hi-hiieer! Ha–“ Glup. Eine kleine Welle war ihr in den Mund geschwappt. Marie hustete. Ihr Hals brannte vom Salzwasser.

Sie ruderte mit den Armen, um sich über Wasser zu halten. Doch es war zu spät. Die Welle schlug mit einem ohrenbetäubenden Rauschen über ihr zusammen.

„Neeeeiiinnn“, dachte Marie. Sie schloss die Augen.

„Du bist in Sicherheit“, sagte plötzlich die schöne Stimme neben ihr. Maries Füße landeten auf weichem Sand.

„Du kannst die Augen aufmachen. Und du kannst auch ganz normal atmen und sprechen. Die Muschel um deinen Hals hilft dir dabei.“

Marie öffnete vorsichtig die Augen. Sie stand auf dem

Meeresgrund. Vor ihr schwamm ein Delfin. Er lächelte freundlich. Seine Flossen schimmerten silbern. Marie starrte ihn verwundert an. Ein echter Delfin? Und wieso konnte er sprechen? Bestimmt war das alles nur ein Traum!

„Du träumst nicht“, sagte der Delfin, als hätte er ihre Gedanken erraten.

„Wer – bist – du?“, fragte Marie vorsichtig, damit ihr kein Wasser in den Mund schwappte. Aber tatsächlich konnte sie ganz normal sprechen!

„Ich bin Silberflosse. Ein Gesandter aus dem Delfinreich.“

Delfinreich? Davon hatte sie noch nie etwas gehört!

„Die Delfine brauchen deine Hilfe“, unterbrach Silberflosse ihre Gedanken. „Ich bin gekommen, um dich zu holen. Steig auf, wir dürfen keine Zeit verlieren!“

Marie zögerte. Sie sollte – was? Mit dem Delfin mitgehen? Wohin? Sie ging nie mit Fremden mit. Und jetzt sollte sie mit einem Delfin …?

„Bitte steig auf“, drängte Silberflosse sanft. „Ich erkläre

dir alles unterwegs. Wir dürfen wirklich keine Zeit verlieren!“

Marie spürte, dass Silberflosse es ernst meinte. Und sie spürte auch, dass sie ihm vertrauen konnte. Schnell kletterte sie auf seinen Rücken. Kaum war sie oben, ging es los. Silberflosse schwamm schnell. Sehr schnell. Nur einen Wimpernschlag später tauchten sie durch ein Tor aus Korallen. Aus ihren Büchern wusste Marie, dass Korallen ganz leuchtende Farben hat-

ten. Doch diese Korallen waren grau und schlapp. Wie Blumen, die man lange nicht gegossen hatte.

„Willkommen im Delfinreich“, sagte Silberflosse. „Tut mir leid, dass ich dir keinen schöneren Empfang bereiten kann. Normalerweise ist es hier sehr viel bunter. Aber seit heute Nacht ist nichts mehr normal …“

Im Reich der Delfine

Marie sah sich mit großen Augen um. Hier gab es ja Häuser und Straßen, wie bei ihr zu Hause! Und auf einem Spielplatz spielten Seesternkinder Fangen! Marie lächelte, als sie ihr vergnügtes Kichern hörte. Über allem lag leise Musik, wie von vielen kleinen Flöten. „Wie schön es hier ist", dachte Marie.

Eine Qualle driftete eilig an ihnen vorbei. „Verflixt!", schimpfte sie. „Ausgerechnet beim Endspiel macht mein Farbfernseher schlapp. Ich sehe alles nur schwarz-weiß!"

„Tilly Tarnqualle ist ein großer Fußballfan", schmunzelte Silberflosse.

„Ich glaub das einfach nicht!", murmelte Marie erstaunt.

Silberflosse lachte. „Du kannst es ruhig glauben. Für uns ist das alles so echt wie für dich die Menschenwelt."

Die beiden schwammen eine Allee entlang, die zu einem Schloss führte. Große elegante Wasserpflanzen säumten den Weg. Zwei Säulen aus glitzernden Luftblasen rahmten das Schlosstor ein.

Silberflosse machte eine nickende Kopfbewegung. Das große Tor öffnete sich. Sie schwammen hindurch. Der ganze Schlosshof war mit schillernden Muschelschalen gepflastert. In seiner Mitte stand ein Brunnen, der mit kleinen grünen Meerjungfrauen geschmückt war. Marie konnte sich gar nicht sattsehen an dieser Wunderwelt.

„Ein andermal zeige ich dir alles in Ruhe. Jetzt müssen wir uns beeilen“, sagte Silberflosse. Er schwamm durch einen Torbogen ins Schloss. Die Wände waren über und über mit Muscheln und Edelsteinen besetzt. Doch sie funkelten nicht, sondern waren ganz matt, als läge eine dicke Staubschicht darauf.

Aus einer Kammer am Ende eines langen Gangs kam lautes Schluchzen. Es klang hell, wie von einem Kind, das sehr verzweifelt war. „Oje", dachte Marie. Das Schluchzen war wirklich herzzerreißend. Silberflosse schwamm noch schneller.

Eine Delfinfrau, deren Körper in den zartesten Regenbogenfarben schimmerte, hob den Kopf, als die beiden hereinkamen. Ihre Augen waren ganz rot vom Weinen. Sie sah Marie traurig an. „Da bist du ja endlich!", schniefte sie. „Ich habe so auf dich gewartet! Hallo, ich bin Polly Perlmutt, die Schatzmeisterin des Delfinpalasts." Sie berührte Maries Hand leicht mit einer Flosse. Ein zartes Geräusch wie von tausend kleinen Glöckchen ertönte.

Erst jetzt sah Marie, dass Polly Perlmutts Körper in ein durchsichtiges Gewand gehüllt war. An ihm hingen unzählige winzige goldene Schlüssel. Marie kam aus dem Staunen nicht mehr heraus. Wo war sie hier? Und warum hatte Polly auf sie gewartet? Sie verstand überhaupt nichts mehr.

„Ich glaube, es ist Zeit für ein paar Erklärungen", sagte Polly mit tränenerstickter Stimme, als sie Maries fragenden Blick sah. „Kommt mit!"

Polly schwamm voraus in einen anderen Raum. Die Tür war offen und sah aus, als wäre sie aufgebrochen worden. Dahinter standen Hunderte kleiner weißer Sockel. Sie waren in Reihen angeordnet und reichten Marie bis zur

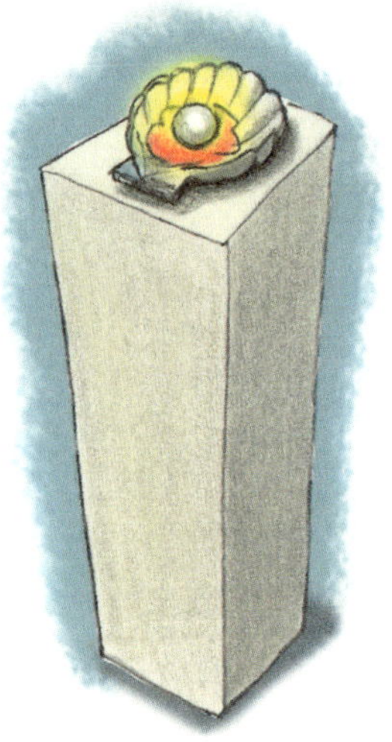

Schulter. Auf jedem Sockel lag eine Muschelschale, die mit rosa Watte ausgepolstert war. Darauf schimmerte je eine große weiße Perle. Doch sechs Sockel waren leer.

„Heute Nacht wurde hier eingebrochen. Sechs magische Perlen sind verschwunden“, berichtete Polly Perlmutt aufgelöst. „Wir vermuten, dass Harko, der Haifisch, und sein Gefolge dahinterstecken.“

„Harko, der Haifisch, ist der schlimmste Feind der Delfine“, klärte Silberflosse Marie auf. „Er und seine Leute sind neidisch auf unsere Zauberkräfte.“

„Ihr könnt zaubern?“, fragte Marie aufgeregt.

„Ja, allerdings nicht so, wie du vielleicht denkst. Wir zaubern keine Kaninchen aus einem Hut“, lächelte Silberflosse. „Wir haben eine andere Art von Magie.“

Marie klopfte das Herz bis zum Hals. Sie war sich immer noch nicht ganz sicher, ob sie wach war oder träumte.

„Aber wenn ihr magische Kräfte habt, warum konnten eure Wachen den Diebstahl dann nicht verhindern?“, fragte sie.

„Wir haben keine Wachen“, sagte Silberflosse. „Die brauchten wir bisher nicht. Das Delfinreich lebt seit Anbeginn der Zeit in Frieden und Harmonie. Doch es sieht ganz so aus, als wären diese Zeiten vorbei. Deshalb sind wir so froh, dass du da bist.“

Marie sah ihn unsicher an. „Und warum glaubt ihr, dass ich euch helfen kann? Warum zaubert ihr euch nicht einfach die Harmonie zurück?“

„Das geht leider nicht.“ Silberflosse seufzte traurig. „Mit unserer Magie können wir nur anderen helfen, nicht uns selbst. Wir können zwar solche alltäglichen Sachen machen wie das Schlosstor öffnen, aber gegen solche Schurken wie Harko sind wir machtlos.“ Silberflosse sah Marie ernst an. „Deshalb brauchen wir jemanden, der nicht im Delfinreich lebt. Und es muss gleichzeitig jemand sein, der das Meer liebt. So wie du“, sagte Silberflosse.

Polly nickte. Silberflosse sprach weiter. „Morgens, wenn du aufwachst, schaust du als Erstes aus dem Fenster aufs Meer. Und abends, bevor du schlafen gehst, schaust du auch noch einmal hinaus. Du liebst das Meer bei jedem Wetter und in jeder Jahreszeit. Deine Liebe ist so groß, dass deine Augen sogar die Farben des Meeres annehmen können."

Das stimmte. Ihre Freundin Lisa hatte ihr das schon oft gesagt. Sie behauptete, dass Maries Augen hellblau mit türkisen Sprenkeln waren, wenn sie fröhlich war. Wenn sie traurig war, wurden sie dunkelblau. Und wenn sie wütend war, nahmen sie das schäumende Grau eines Meeressturms an. Marie hatte immer gedacht, Lisa würde nur Spaß machen.

„Woher wisst ihr das alles?", fragte Marie ungläubig.

„Wir wissen es eben." Mehr sagte Silberflosse nicht.

Marie musste einmal tief Luft holen, so verwunderlich war das alles. „Gut“, sagte sie dann. „Ich helfe euch, so gut ich kann. Aber zaubern kann ich nicht!“

„Das macht nichts. Das wirst du schon noch lernen“, sagte Silberflosse. Er und Polly Perlmutt lächelten geheimnisvoll.

Ein gefährlicher Auftrag

„Die verschwundenen Perlen sind genau die, die ich für die magische Sommernacht brauche“, sagte Polly Perlmutt. Sie deutete auf die sechs leeren Muschelschalen. „Wenn sie nicht in sechs Tagen zurück sind, fällt die magische Sommernacht ins Wasser …“, fügte sie betrübt hinzu. „Das wäre entsetzlich! Wir würden unsere Zauberkräfte verlieren. Denn nur in der magischen Sommernacht können sie immer wieder erneuert werden.“

Eine magische Sommernacht, magische Perlen … Marie wusste gar nicht, wo sie mit ihren Fragen anfangen sollte, um alles zu verstehen.

„Was haben denn die Perlen mit der magischen Sommernacht zu tun?“, fragte sie verwirrt.

„Jede der Perlen steht für eine wichtige Eigenschaft im Leben“, erklärte Silberflosse. „Und jede hat hier im Delfinpalast ihren Platz. Die Schatzkammern sind wie große Archive.

Wie eine riesige Bücherei. Wenn eine Perle verschwindet, verlieren alle Bewohner die Fähigkeiten, die zu dieser Perle gehören. Und nicht nur wir …“

Marie verstand. „Du meinst, auch wir Menschen …? Deshalb haben heute in der Stadt alle Lichter und Farben verrücktgespielt?“

Silberflosse und Polly Perlmutt nickten.

„Dann müssen wir die Perlen ganz schnell wiederfinden!“, rief Marie.

„Nicht nur sie“, sagte Polly. „Auch die Lampionfische sind verschwunden. Sie folgen immer dem, der die Perle des Lichts in Besitz hat. Die Lampionfische sollen die magischen Gärten und die Festsäle beleuchten. Wenn es überhaupt zu einem Fest kommen wird …“, fügte sie traurig hinzu.

„Bist du bereit?“, fragte Silberflosse. Marie nickte. Sie schwang sich auf seinen Rücken.

„Danke“, sagte Polly erleichtert. „Du bist unsere einzige Rettung.“ Ihre Augen glänzten voller Hoffnung. „Viel Glück!“ Sie winkte ihnen nach, als sie aus dem Schloss schwammen. Das Klingeln von tausend kleinen Glöckchen hallte noch lange hinter ihnen her.

Eine ganze Weile schwammen Marie und Silberflosse suchend durch die Gegend. Marie war so fasziniert von dieser geheimnisvollen Welt, dass sie sich richtig konzentrieren musste, um ihren Auftrag nicht zu vergessen.

Plötzlich ertönte lautes Quietschen wie von Autoreifen. Silberflosse hielt sofort an. Vor ihnen schwammen sechs Sprotten.

„Die flotten Sprotten melden gehorsamst: Stromausfall in der Muschelplantage! Stromausfall in der Muschelplantage!"

Die flotten Sprotten sprachen im Chor und machten dabei eine wichtige Miene. Im selben Moment waren sie schon wieder weg. Marie starrte ihnen mit großen Augen nach.

„Die flotten Sprotten sind der Nachrichtendienst des Delfinreichs", klärte Silberflosse sie auf. „Ihre Schnelligkeit ist nicht zu überbieten. Ich schätze, sie sind sogar schneller als eure E-Mails. Leider kennen sie keine Straßenverkehrsordnung." Der Delfin seufzte und schüttelte seine Flossen aus. Die Sprotten hatten durch ihre Vollbremsung viel Sand aufgewirbelt.

Marie grinste. Dann wurde sie ernst.

„Was ist eine Muschelplantage? Und warum braucht sie Strom?", wollte sie wissen.

„In der Muschelplantage wachsen die magischen Perlen“, antwortete Silberflosse. „Ihr Wasser muss eine ganz bestimmte Temperatur haben. Wir sollten mal nachsehen, was da los ist.“ Er war schon losgeschwommen.

Die Muschelplantage hatte die Größe eines Fußballfeldes. Unzählige Muscheln lagen in fein säuberlichen Reihen im Sand.

„Das sind aber viele!“, staunte Marie. „Da braucht ihr ja ganz schön viel Platz im Palast.“

Silberflosse schüttelte den Kopf. „Unter hundert Perlen ist immer nur eine dabei, die so klar und rein ist, dass sie ihre Aufgabe erfüllen kann und einen Platz im Palast bekommt.“ Er sah sich um. „Tatsächlich, die Wärmestrahler sind ausgefallen.“

Er schwamm zu einem Sicherungskasten, der die Form eines Delfins hatte. Alle Sicherungen waren rausgesprungen. „Irgendjemand scheint hier gerade jede Menge Strom zu verbrauchen“, sagte Silberflosse nachdenklich. Er knipste die Sicherungen wieder an. Doch sofort sprangen sie

wieder heraus. Die Wärmestrahler blieben kalt.

„Heute Abend große Fußballparty im Riff von Rocky Rochen“, las Marie. An einem Zaunpfahl neben dem Sicherungskasten hing ein buntes Plakat.

„Klar, bei wem sonst“, knurrte Silberflosse grimmig. „Der Schurke hat sich ein eigenes Freilichtkino mit Riesenleinwand bauen lassen.“

„Wer ist Rocky Rochen?“, fragte Marie.

„Er ist einer der Assistenten von Harko, dem Haifisch“, sagte Silberflosse. „Harko ist der größte Feind der Delfine. Und Rocky Rochen steht ihm in nichts nach.“

Marie dachte nach. Ein großes Kino brauchte bestimmt viel Strom … Ob Rocky Rochen für den Stromausfall verantwortlich war? Dem würde sie was erzählen! Die armen Muschelkinder froren bestimmt schon ganz schrecklich!

„Los, wir müssen zu Rocky Rochen!“, rief sie aufgebracht.

Silberflosse zögerte. „Eigentlich meiden wir Delfine sein Riff. Es ist kein guter Ort …“

„Na und? Die Muscheln brauchen es warm. Also los!“, sagte Marie bestimmt.

Silberflosse freute sich sehr über ihre Entschlossenheit.

Er hatte gewusst, dass Marie die Richtige war. Dann schwamm er los. Geradewegs in einen dunklen Algenwald hinein. Marie duckte sich, damit die langen Pflanzenarme sie nicht umschlangen. Hin und wieder streifte sie etwas Kühles. Marie schauderte. Das Wasser war so trüb, dass sie Silberflosses Körper kaum erkennen konnte. Außerdem war ihr kalt. Sie hatte ja nur ihren Badeanzug an. In der Delfinstadt und im Schloss war es schön warm gewesen, aber hier …

Zum Glück war Silberflosse schnell und der Algenwald bald zu Ende. Doch direkt dahinter begann eine finstere, karge Felsenlandschaft.

„Hörst du das auch?“, fragte Marie. Aus der Ferne wummerte ein Bass wie von Discomusik. Silberflosse nickte und schwamm schneller.

Plötzlich ragte eine schwarze Felsenmauer meterhoch vor ihnen auf. Die Musik war jetzt deutlich zu hören. Sie wurde immer lauter und

klang bedrohlich. Im Takt der Musik blitzten bunte Lichtkegel über der Mauer auf. „Wie unheimlich“, dachte Marie. Sie hatte Gänsehaut.

„Hinter dieser Mauer liegt das Riff von Rocky Rochen“, sagte Silberflosse. Er schwamm auf einen Felsspalt in der Mauer zu. Gemeinsam blickten sie hindurch. Dahinter sah es aus wie in einem Theater: Mehrere Sitzreihen aus Stein waren im Halbkreis um die Mitte angeordnet, die aussah wie eine Bühne mit einer Kinoleinwand. Riesige Strahler beleuchteten die Bühne, auf der ein flacher, viereckiger Fisch herumschwamm.

„Das ist er“, flüsterte Silberflosse. „Das ist Rocky Rochen. Und es sieht ganz danach aus, als wäre er der Stromräuber, den wir suchen …“, sagte er und deutete auf die Strahler.

Rockys Körper war grau gesprenkelt. Er sah aus wie ein schwimmendes, schmutziges Taschentuch. Um ihn herum wirbelte ein Heer von großen bunten Lichtkugeln. Es waren so viele, dass Marie sie nicht zählen konnte. Sobald eine von ihnen zu Boden sank, fing Rocky sie mit seinem flachen Rücken auf. Es folgte ein elektrisches Sirren, die Lichtkugeln blitzten hell auf und schnellten wieder in die Höhe. Aus ihrem Inneren kamen ängstliche Schreie.

Rocky lachte hämisch. „Schreit nur! Heute Abend beim Finale wird euch keiner hören! Dann ist hier die Hölle los. Und ihr seid die Attraktion für die Werbepausen! Und – hopp!“ Er versetzte einer Lichtkugel einen harten Flossenschlag. Sie blitzte wimmernd auf.

Marie erschrak. „Das sind ja!“, rief sie entsetzt.

„Ganz genau. Das sind die Lampionfische“, sagte Silberflosse wütend.

„Und da ist ja auch die Perle des Lichts!“ Marie war ganz aufgeregt.

Tatsächlich. Auf einem flachen Felsen in der Nähe der Bühne lag eine große weiße Perle, die ein warmes Schimmern um sich verbreitete. Unter ihrer perlmuttfar-

benen Oberfläche pulsierte es, als wäre sie lebendig. Marie starrte sie gebannt an. „Die sieht ja wunderschön aus“, dachte Marie. Das geheimnisvolle Schimmern zog ihre Blicke magisch an.

„Ich hole sie“, sagte sie leise und rutschte von Silberflosses Rücken. Der Delfin hielt sie sanft zurück.

„Sei vorsichtig! Rocky ist ein Zitterrochen. Die Berührung seiner Flossen ist wie ein Stromstoß. Du siehst ja, was er mit den Lampionfischen macht.“

Er hatte recht. Es tat bestimmt sehr weh, Rocky zwischen die Flossen zu geraten. Marie überlegte fieberhaft, wie sie es schaffen konnte, an die Perle zu kommen, ohne dass Rocky sie bemerkte.

Plötzlich hatte sie eine Idee. „Ich brauche Seifenwasser“, sagte sie. „Wenn wir schnell zu mir nach Hause schwimmen und …“

Silberflosse schüttelte den Kopf. „So viel Zeit haben wir nicht. Aber dafür haben wir die Magie …“ Er wedelte dreimal mit seiner Schwanzflosse. Im selben Moment tauchten die flotten Sprotten wieder auf, gefolgt von einem Schwarm

blauer Fische, die einen Teppich bildeten. Auf ihm stand ein Eimer mit schillernder Flüssigkeit.

„Mission erfüllt! Gerne wieder zu Diensten!“, riefen die flotten Sprotten und verschwanden so schnell, wie sie gekommen waren. Marie konnte ihnen gerade noch ein überraschtes „Danke!“ hinterherrufen.

Pfui, Qualle!

Marie schwamm zu einer Koralle und brach einen kleinen Ast von ihr ab, der mehrere gebogene Verzweigungen hatte. Dann tauchte sie den Ast in den Eimer, führte ihn zu ihren Lippen und blies hindurch. Eine Wolke von Seifenblasen stieg auf. Sie schillerten in allen Farben des Regenbogens. Silberflosse staunte.

Marie sah den Blasen nach. „Wenn wir Glück haben, spielt Rocky lieber mit den Seifenblasen als mit den Lampionfischen“, sagte sie.

Wieder tauchte sie den Ast ins Seifenwasser, hielt ihn direkt vor den Felsspalt und blies hindurch. Eine zweite Wolke aus Seifenblasen schwebte genau auf Rocky Rochen zu. Marie hielt gespannt den Atem an. Hoffentlich klappte ihr Plan!

Tatsächlich sah Rocky neugierig auf. „Hallo, wer seid ihr denn? Ihr seid ja – wunderbar!“ Er ließ die Lampionfische Lampionfische sein. Sie sanken ermattet zu Boden und rangen nach Luft. Rocky Rochen schwamm direkt auf die Seifenblasen zu.

„Gut so“, dachte Marie, „hier hast du noch mehr davon!“ Sie blies weiter und weiter. Unzählige Seifenblasen flogen um Rocky herum. Der Rochen war begeistert.

„Ihr seid ja noch viel schöner als die Fische! Wo kommt ihr denn her? Ah, da ist ja ein Loch in der Mauer …“

Er schoss genau auf den Felsspalt zu, hinter dem Marie und Silberflosse saßen. Damit hatte Marie nicht gerechnet. Sie schrie auf und ließ den Korallenast fallen.

Rocky zwängte seinen Kopf und einen Teil seines Oberkörpers durch den Spalt. „Wer ist da?“, polterte er wütend. „Habe ich etwa ungebetenen Besuch?“

Marie und Silberflosse versteckten sich schnell hinter einem Felsvorsprung, der mit Korallen bewachsen war.

Der Rochen sah sich suchend um. Marie und Silberflosse hielten den Atem an. Als er niemanden entdeckte, zog sich der Plattfisch grummelnd wieder zurück. Die beiden atmeten erleichtert auf.

„Puh, das war knapp!", sagte Marie. Sie warteten noch einen Moment. Dann schwammen sie vorsichtig wieder zum Spalt.

„Ahhhh, die Perle des Lichts …" Rocky war schon zu dem Felsen mit der Perle geschwommen. Marie und Silberflosse konnten sehen, wie er andächtig über die Perle strich. Sie hatte die Größe einer Kirsche und erwiderte seine Berührung mit einem Strahlen.

„Wunderbar … Du bist viel zu schön für Harko. Eigentlich sollten ich und meine Freunde dich und die anderen fünf Perlen ja bei ihm abliefern, nachdem wir euch aus dem Schloss geholt hatten … Aber ihr habt uns so gut gefallen, dass wir einfach beschlossen haben, euch zu behalten. Jeder von uns hat eine von euch bekommen. Und du, schönes Kind, gehörst mir … für immer!" Er lachte heiser und legte die Perle auf den flachen Stein zurück.

Dann drehte er sich zu den Lampionfischen um, die immer noch matt am Boden lagen. „Los, ihr Faulpelze! Wieder an die Arbeit, hopp, hopp!“

Marie erschrak. „Oh nein, jetzt fängt er wieder an! Wie komme ich nur an die Perle, ohne dass er mich sieht?“ Sie überlegte fieberhaft. Plötzlich sah sie Silberflosse an. „Sag mal, heißt Tilly Tarnqualle so, weil sie …?“

Silberflosse nickte. „Genau deshalb.“ Er machte eine Kreisbewegung mit seiner Schnauze. Im Handumdrehen tauchte Tilly neben ihnen auf. Sie sah wieder sehr verärgert aus. „Müsst ihr mich ausgerechnet in der 82. Minute stören? Es steht 3 : 2 für den 1. FC Thunfisch. Das werden die Borussia-Barsche nicht auf sich sitzen lassen!“

Silberflosse nickte Marie zu. „Du musst dir Tilly auf den Kopf setzen. Dann werdet ihr beide unsichtbar.“

Marie starrte ihn entsetzt an. Sie hatte schon oft Quallen am Strand gefunden. Die Dinger waren kalt und glibberig wie Wackelpudding. Und jetzt sollte sie sich so eine auf den Kopf setzen, und ausgerechnet so eine große? Bäh …

Tilly verdrehte ungeduldig die Augen. „Na los, mach schon. Ich will nicht erst zum Schlusspfiff wieder zu Hause sein!“

Marie holte tief Luft, nahm die Qualle in beide Hände und setzte sie sich auf den Kopf. Marie hörte ein schmatzendes Geräusch. „Wrr …“ Sie schüttelte sich angeekelt.

„Na also, geht doch. Und jetzt beeil dich, du hast genau eine Minute Zeit, dann lässt die Tarnwirkung nach!“

In letzter Sekunde

Mit Tilly auf dem Kopf schwamm Marie über die hohe schwarze Felsmauer. Hoffentlich schaffte sie es in einer Minute, die Perle zu holen!

Vorsichtig schwamm sie auf die Bühne zu. Obwohl sie unsichtbar war, hatte sie große Angst. Aber die Delfine setzten alle Hoffnung in sie. Es gab kein Zurück!

Rocky hatte die Musik lauter gedreht. Er peitschte die Lampionfische jetzt noch schneller und höher durchs Wasser. Marie konnte ihre erschreckten Gesichter sehen. So schnell es mit Tilly auf dem Kopf ging, eilte Marie zu dem flachen Stein, auf dem die Perle lag. Sie brauchte sie einfach nur noch an sich zu nehmen …

Aber was, wenn Rocky ihr und den Lampionfischen einfach hinterherschwamm? Daran hatte sie nicht gedacht! Die Zeit lief Marie davon. Ihre Tarnung konnte jeden Moment zu Ende sein!

Ihr Blick fiel auf die Musikanlage, die auf der Bühne stand. Wenn sie sie nur irgendwie zum Stehen bringen könnte … Schnell sammelte Marie ein paar Muschelstückchen auf und lief die Stufen zur Bühne hoch. Rocky Rochen und die Lampionfische waren nur wenige Schritte von ihr entfernt. Sie hob den Deckel der Musikanlage und streute die Muschelstückchen hinein. Sofort blieb das Musikstück hängen. Rocky sah sich verärgert um.

„Auch das noch! Mach bloß nicht schlapp, du blöde CD! Ich brauche dich heute Abend!“, schimpfte Rocky. „Alles auf Position bleiben!“, befahl er den Lampionfischen. Er

selbst schoss in Windeseile auf die Anlage zu. Marie konnte ihm gerade noch ausweichen. Aber Tilly schrie erschrocken auf. „Meine Flosse, das wäre beinahe schiefgegangen!“

Rocky hörte sie und blickte sich suchend um. Doch zum Glück war Tilly gerade unsichtbar. Wütend hämmerte Rocky auf den Knöpfen der Anlage herum. „Los, weiterspielen!“ Er versetzte dem Gerät einen Stromstoß.

Marie verlor keine Zeit. Sie schnappte sich die Perle und eilte von der Bühne. Als sie an einem großen Stromkasten vorbeikam, zog sie schnell alle Stecker. Sofort gingen die riesigen Strahler aus. Rocky fluchte.

So schnell sie konnte, schwamm Marie mit Tilly die Felsenmauer wieder hinauf. Auf halber Höhe drehte sie sich um und schwenkte die Perle hin und her. Die Lampionfische sahen sie und setzten sich sofort in Bewegung. Rocky hatte nichts mitbekommen. Er drückte immer noch wütend an seiner Anlage herum.

Silberflosse stand schon bereit, als Marie zurückkehrte. Im selben Moment, als sie sich auf seinen Rücken schwang, ließ Tillys Wirkung nach. Marie war wieder sichtbar.

Tilly löste sich mit einem Gähnen von ihrem Kopf. „Gott, das macht mich immer so müde … Hoffentlich schlaf ich nicht vor dem Fernseher ein. Okay, dann macht's mal gut, Leute!" Weg war sie.

Auch Silberflosse und Marie schwammen los. Marie hielt sich mit einer Hand an seiner Rückenflosse fest. Die andere umschloss fest die Perle. Hinter ihnen her zog der Schwarm der Lampionfische. Es sah aus wie eine riesige Lichterkette in allen Farben des Regenbogens.

Als sie den Algenwald durchquerten, klarte das Wasser plötzlich auf. Die Algen waren zwar immer noch dicht und dunkelgrün, aber längst nicht mehr so bedrohlich. Überall, wo sie vorbeischwammen, nahmen die Fische und Pflanzen

wieder ihre leuchtenden Farben an. Es war, als hätten sie sehnsüchtig auf die Perle des Lichts gewartet.

Als sie an der Muschelplantage vorbeischwammen, machten sie kurz halt. Silberflosse drückte die Sicherungen der Wärmestrahler wieder an. Sofort verbreiteten sie ein goldenes, warmes Licht. Die Muscheln glitzerten wie Tausende kleiner Sterne. Marie atmete auf. Sie war froh, dass es den Muscheln wieder gut ging.

„Jetzt aber schnell zurück ins Schloss", sagte Silberflosse.

Polly Perlmutt strahlte übers ganze Gesicht, als sie Marie, Silberflosse und die vielen Lampionfische sah. „Ihr habt es geschafft! Gott sei Dank! Ich habe mir schon solche Sorgen gemacht!", rief sie erleichtert.

Sie legte die Perle des Lichts in eine der leeren Muschelschalen. Sofort begann sie zu schimmern, viel stärker und viel schöner noch als in Rockys Riff. Ihr Schein breitete sich im ganzen Schloss aus. Marie musste blinzeln, so sehr funkelten und blitzten die Edelsteine an den Wänden.

„Ich danke euch!“, sagte Polly. Und zu Marie gewandt: „Du hast deine Sache sehr gut gemacht. Zum Dank dafür möchte ich dir etwas schenken.“ Sie öffnete eine Schatulle und reichte Marie einen kleinen, glitzernden Fisch. „Er wird dir helfen, immer deinen Weg zu finden.“ Sie drückte auf den Fisch. Er öffnete sein Maul und leuchtete wie eine Taschenlampe.

Marie lachte. „Der ist ja toll!“ Sie umarmte Polly Perlmutt.

Silberflosse lächelte. Dann sagte er: „Es ist Zeit, nach Hause zu gehen. Deine Eltern warten sicher schon auf dich.“

Marie stieg auf seinen Rücken. Sie schwammen zurück durch die Straßen der Delfinstadt. Aus einem Haus hörten sie jemanden freudig rufen. Durch ein Fenster im Erdgeschoss erkannten sie Tilly. Sie saß vor ihrem Fernseher, der jetzt auch wieder ein farbiges Bild zeigte. „Tor! Tor! Tooor!“ Jubelnd schoss die Qualle in die Höhe. Das Finale schien ganz nach ihrem Geschmack zu laufen. Marie und Silberflosse lachten und schwammen weiter.

Kurze Zeit später näherten sie sich dem Strand. Maries Fahrrad lehnte immer noch am Steg. Auch ihre Jeans und ihr T-Shirt lagen noch auf den Holzplanken.

„Werden wir uns wiedersehen?“, fragte Marie. Sie war plötzlich ein bisschen traurig.

„Oh ja, ganz bestimmt sogar.“ Silberflosse sah sie ernst an. „Wie du weißt, sind sechs magische Perlen verschwunden. Eine haben wir heute gefunden. Aber die anderen fünf sind genauso wichtig. Erst wenn alle wieder an ihrem Platz sind, kann die magische Sommernacht stattfinden!“

„Und wann suchen wir die anderen?“

„Wenn es so weit ist, werde ich dich rufen.“ Er wedelte mit seiner Schwanzflosse. Aus der Muschel um Maries Hals ertönte eine wunderschöne Melodie. „Wenn du diese Melodie hörst, bin ich hier und warte auf dich.“

„Du meinst, ich darf die Muschel behalten?“ Maries Augen glänzten.

Silberflosse nickte. „Sie war von Anfang an für dich bestimmt. Bis bald, Marie!“ Er tauchte ins Meer. Marie winkte ihm noch lange nach.

Die Sonne schien und der Himmel war strahlend blau, als Marie wenig später mit ihren Eltern im Auto saß.

„Gut, dass das Leuchtfeuer wieder funktioniert“, sagte ihr Vater.

Die Mutter nickte. „Und gut, dass meine Radieschen wieder rot sind.“ Sie klopfte auf die Plastikschüssel auf ihrem Schoß, in der der Salat war.

Marie lächelte und sah aus dem Fenster. Im Meer spiegelte sich die Sonne. Die Wasseroberfläche glitzerte, als würden viele kleine Sterne darin baden. Marie dachte an die Muschelplantage.

Wo wohl die anderen magischen Perlen waren? Die Perle des Lichts war jedenfalls wieder da!

Spuk im Pony-Internat

Spuk im Pony-Internat

Es war Nacht und der Mond schien über den Ställen, den Schlafsälen und dem Schulgebäude des Pony-Internats. Abends nach neun Uhr mussten alle Schülerinnen und Schüler in ihren Betten sein: die Mädchen im Mädchentrakt und die Jungs im Jungentrakt, der dem Mädchentrakt gegenüberlag. Das große Gebäude, das früher mal ein Schloss gewesen war, hatte die Form eines Hufeisens.

„Elli, Marleen, wacht auf!“ Karla schüttelte ihre Freundinnen an den Schultern. Die beiden lagen in ihren Betten und schliefen selig.

Endlich kamen Ellis rote Locken unter der Decke zum Vorschein. Sie gähnte.

„Oh Mann, Karla, was ist denn? Es ist mitten in der Nacht!“

Auch Marleen, die sich aufgesetzt hatte und deren kurzes schwarzes Haar nach allen Seiten abstand, rieb sich verschlafen die Augen.

„Och, ich hab so schön geträumt. Branca und ich sind zum ersten Mal ohne Fehler gesprungen.“

Branca war ihr Pferd. Alle Schülerinnen und Schüler im Pony-Internat hatten ein Pferd zugeteilt bekommen, um das sie sich vor und nach der Schulzeit kümmern mussten: Füttern, Ausmisten, Ausreiten, Fellpflege … Neben dem Schulunterricht, den Hausaufgaben und den Reitstunden gab es immer viel zu tun. Außerdem stand in wenigen Wochen das große Springturnier an. Karla, Elli und Marleen hatten fleißig trainiert. Es war ihr erster Wettkampf.

„Du kannst nachher weiterträumen! Ihr müsst mitkommen. Im Stall spukt es!“

Als sie das hörten, waren Elli und Marleen schlagartig wach. Ungläubig sahen sie Karla an, die ihr blondes, langes Haar zu einem Pferdeschwanz hochgebunden hatte. Sie trug ihre Schlafanzughose, ihre schwarzen Reitstiefel, die fast bis zum Knie reichten, und einen roten Fleece-pulli.

Elli rieb sich die Augen. „Was machst du denn auch mitten in der Nacht im Stall?“ Sie gähnte laut.

„Nicht fragen, mitkommen!“, drängte Karla.

Kurze Zeit später schlichen die drei Mädchen auf Zehenspitzen durch den dunklen Flur zur Treppe. Sie

mussten leise sein. Wenn Frau Besenreiser sie erwischte, gab's Ärger! Frau Besenreiser war ihre Klassenlehrerin. Sie hatte diese Woche die Nachtaufsicht. Doch die drei hatten Glück und kamen unbemerkt über den Hof bis zu den Ställen.

Das alte Tor knarzte verdächtig, als sie es gemeinsam aufschoben.

Innen schlug ihnen der warme Geruch von Pferden und frischem Heu entgegen.

Karla gab den Freundinnen ein Zeichen, ihr zu folgen.

Schweigend liefen sie an den Boxen vorbei, die rechts und links des Gangs lagen. Jedes Pferd hatte eine eigene Box, auf der Name, Geburtsdatum und das Foto seines Reitschülers abgebildet waren.

Oxa, ein dunkelbrauner, junger Wallach, schaute neugierig durch die Gitterstäbe, als die Mädchen

an ihm vorbeischlichen. Er schnaubte freudig, als er Elli sah, denn die beiden gehörten zusammen.

„Hallo, mein Lieber", flüsterte Elli. „Morgen früh komm ich wieder. Schlaf weiter!" Sie strich Oxa über die weiche Nase. Dann lief sie den anderen nach. Am Ende des Gangs blieb Karla stehen und legte den Finger an die Lippen.

Elli und Marleen hielten die Luft an.

Zusammen lauschten sie in die Stille. Zunächst war nichts zu hören. Elli wollte gerade den Mund aufmachen und etwas sagen, da hörten sie das komische Geräusch. Es kam aus der leeren Box am linken Ende des Stalls und klang wie ein Gemisch aus Röcheln, Gurgeln und Brummen: „Chchchrrrrrhhhhhhgggrrrumm!"

Marleen griff nach Ellis Arm. Elli erschrak so sehr darüber, dass sie aufschrie.

Das Geräusch in der Box verstummte. Dann wurde die Boxentür aufgestoßen. Karla, Elli und Marleen sahen sich erschrocken an und rannten, so schnell sie konnten, aus dem Stall.

„Oh Gott, was war das?“, rief Elli.

Sie hatten den Hof hinter sich gelassen und die Tür zum Schlaftrakt erreicht.

„Keine Ahnung. Ich hab euch doch gesagt, dass es spukt!“, keuchte Karla und stieß die Tür auf.

„Und was machen wir jetzt?“, fragte Marleen leise.

Ihre dunklen Augen waren vor Schreck noch größer als

sonst und ihre Wangen vom schnellen Laufen gerötet.

Elli musste gähnen. „Also, wenn ihr mich fragt: gar nichts. Sonst schlaf ich morgen beim Mathetest ein."

Karla nickte. Besser, sie gingen für heute schlafen, auch wenn sie der Sache am liebsten gleich auf den Grund gegangen wäre.

„He, seht mal. Läuft da jemand über den Hof?", zischte Marleen.

Karla und Elli folgten ihrem Blick und spähten vorsichtig durch das große Fenster neben der Eingangstür.

„Das ist nur der Hohlmeier. Vielleicht ist er auch auf Gespensterfang“, flüsterte Karla.

Herr Hohlmeier war ihr Musiklehrer.

Elli musste grinsen. „Der? Der hat doch schon Schiss vor Spinnen!“

Die Mädchen kicherten bei der Erinnerung an den hysterischen Schrei, den Herr Hohlmeier mitten im Musikunterricht losgelassen hatte, als ihm beim Klavierspielen eine Spinne über die rechte Hand gekrabbelt war. Karla,

Elli und Marleen wiederum krabbelten wenige Minuten später müde in ihre Betten.

Am nächsten Morgen ließ die leere Box, aus der in der Nacht die merkwürdigen Geräusche gekommen waren, nichts von einem Gespenst erahnen. Zusammen mit den anderen Schülerinnen und Schülern des Pony-Internats füllten die Mädchen die Tränken ihrer Ponys mit frischem Wasser auf. Der Stall war erfüllt vom aufgeregten Schnauben und freudigen Wiehern der Pferde und dem fröhlichen Geschnatter der Schüler.

„Wir müssen es dem Direktor sagen", raunte Elli Marleen zu.

Die Boxen ihrer beiden Ponys lagen direkt nebeneinander.

Marleen warf einen kurzen Blick zu Karla rüber. „Ich

weiß nicht. Am Ende fragt er, warum Karla nachts im Stall war …“

Es war verboten, nachts die Schlafräume zu verlassen. In Ellis Gesicht blitzte es auf.

Sie drehte sich zu Karla um, deren Box genau hinter ihrer lag.

„Ja, genau, warum warst du denn nun überhaupt hier?“

Karla wurde rot im Gesicht, stammelte irgendetwas von „Schlafwandeln“ und lief aus dem Stall.

Elli sah Marleen verwundert an.

Doch die sagte nichts und lief hinter Karla her.

Elli schüttelte verwirrt den Kopf.

Den Vormittag in der Schule brachten sie nur mit Mühe hinter sich. Wäre der Mathetest nicht gewesen, hätten alle drei pausenlos an das Gespenst, oder was auch immer da gewesen war, gedacht.

Beim Mittagessen beschlossen sie, die Sache selbst in die Hand zu nehmen.

Dazu brauchten sie ein großes Netz. Dieses Netz würden sie in der kommenden Nacht auf das Gespenst herunterfallen lassen und es anschließend fesseln. Wenn sie dem Direktor dann am nächsten Morgen ein gefangenes Gespenst präsentierten, würde er vor Überraschung sicher keine weiteren Fragen stellen.

Das große Netz bekamen sie von Tim, der mit den anderen Jungs immer „Überlebenstraining" spielte und bestens ausgerüstet war. Er half ihnen auch dabei, das Netz über der „Gespensterbox“ aufzuhängen. Zum Glück fragte er gar nicht, wofür sie es brauchten!

Um Punkt Mitternacht klingelte Ellis Wecker. Geisterstunde! So leise wie möglich machten sich die drei auf den Weg in den Stall.

„Puh, bin ich aufgeregt“, flüsterte Marleen. Elli nickte. „Mein Herz klopft so doll, das hüpft mir gleich aus dem Hals.“

Unbemerkt kamen die drei aus dem Schlaftrakt über den Hof bis zu den Ställen. Wie in der vergangenen Nacht schoben sie das große Tor so leise wie möglich auf. Sie lauschten. Ja, da war es wieder: das gurgelnde, röchelnde, brummende Geräusch.

Die drei sahen sich an: Sollten sie es wirklich wagen?

Was, wenn das Gespenst viel größer und stärker war als sie?

Andererseits konnten sie nicht riskieren, dass das schaurige Ding einem der Pferde etwas antat. Nein, sie hatten keine Wahl. Sie mussten die Sache hinter sich bringen!

„Grrrrghhhhrummmoooaaarrrhhh", tönte es wieder aus der letzten Box. Dann folgte ein klägliches Seufzen. Hoffentlich sah das Ding nicht genauso schrecklich aus, wie es sich anhörte!

Auf Ellis Signal löste Marleen das Seil, das mit dem Netz verbunden war.

Sofort rauschte das Netz zu Boden. Ein grässlicher Schrei ertönte, der den Mädchen durch Mark und Bein ging. Jetzt hieß es Beeilung! Elli und Karla rissen die Tür der Box auf und sprangen auf das Gespenst, das unter dem Netz zappelte. Man konnte es nicht sehen, weil die Netzmaschen so dicht waren. Bevor es sich befreien konnte, fesselten Karla und Elli das Gespenst samt Netz mit dem langen Seil.

„Hiiiilllfeeee!“, kam es plötzlich aus dem Netz. Karla und Elli hielten inne. Das – Ding – konnte – sprechen?

Die drei Mädchen sahen sich an. Elli kapierte als Erste. „Herr Hohlmeier!“, rief sie, „Was machen Sie denn hier?“

Schnell schälten die drei ihren verdatterten Musiklehrer aus dem Netz. Der saß am Boden und japste nach Luft. „Du liebes bisschen. Ich dachte schon, mich hätte eine Monsterspinne angegriffen!“ Er grinste die Mädchen schief an.

„Und wir dachten, Sie wären das Monster, das hier nachts rumspukt! Was tun Sie denn hier?“, fragte Karla.

Herr Hohlmeier lächelte und zeigte auf seinen Bauch. „Ich lerne Bauchreden und Bauchsingen. Bei der Turnier-

feier wollte ich eigentlich mit einem eigenen Lied auftreten. Aber ich fürchte, das wird nichts mehr bis dahin. Es ist einfach zu schwer." Er seufzte.

Bauchsingen?

Karla, Elli und Marleen lachten. Davon hatten sie noch nie gehört!

„Und warum üben Sie hier im Stall und nicht in Ihrem Zimmer?", fragte Elli.

„Ich wollte, dass es auch für die Lehrerkollegen eine Überraschung wird", sagte Herr Hohlmeier mit einem zerknirschten Lächeln. Dann wurde er ernst. „Und jetzt würde ich gerne mal wissen, was ihr hier mitten in der Nacht verloren habt."

Elli sah besorgt zu Karla rüber. Doch die Freundin lächelte: „Jetzt kann ich es dir ja sagen: Alles Liebe zum Geburtstag!“

Elli machte ein überraschtes Gesicht. Stimmt, sie hatte ja Geburtstag! Das hatte sie vor lauter Gespensterjagd ganz vergessen!

Karla führte sie zu einem kleinen Lagerraum.

Normalerweise wurde hier nur allerlei Reitzubehör aufbewahrt. Jetzt war der Raum in einen Partyraum verwandelt: Eine Girlande mit Pferdemotiven hing an der Decke,

rote Herzluftballons zierten die Wände und es gab sogar einen gedeckten Tisch, auf dem ein Kuchen in Hufeisenform stand!

Elli strahlte. „Das sieht toll aus! Du bist die beste Freundin der Welt!“

Marleen umarmte Elli auch und gratulierte ihr. Sie hatte die ganze Zeit Bescheid gewusst. Herr Hohlmeier lachte. „Tja, liebe Elli, ich verrate euch nicht, wenn ihr mich nicht

verratet, und wenn ich mit dem Bauchsingen schon so weit wäre, würde ich dir jetzt glatt ein Ständchen bringen!“

Elli kicherte. „Vielen Dank, aber ich verzichte. Ich hab mich heute schon genug gegruselt!“

Plötzlich hörten sie lautes Kichern. Da waren ja auch die anderen aus ihrer Klasse!

„Happy birthday to you! Happy birthday to you …“ Singend kam ihre ganze Klasse durch den Stall gelaufen.

Elli wurde rot vor Freude. Eine Mitternachtsparty! Was für eine tolle Überraschung!

Nachdem alle Elli gratuliert hatten, sagte Herr Hohlmeier:

„Also, mein Bauch ist zum Singen ja leider nicht zu gebrauchen, aber für etwas Essbares ist er immer zu haben." Er schielte sehnsüchtig auf den Kuchen.

Elli lachte. „Die Party ist eröffnet! Und die Ponys bekommen auch was. Schließlich haben die gleich zwei Geheimnisse für sich behalten!"

Die Elfenballerina
tanzt mit den Sternen

Ballett im Burgtheater

Hoch oben auf dem Drosselbart-Felsen lag die Burg Schlotterstein oder vielmehr das, was von ihr übrig geblieben war. Im Sommer strömten Besucher von nah und fern herbei, um sich den alten, verwitterten Wehrturm und das prachtvolle Burgtheater anzusehen.

Heute war der Saal des Burgtheaters bis auf den letzten Platz besetzt. Die Ballettschule hatte das Theater für den Abend reserviert, um mit ihren Schülern das Ballettstück *Dornröschen* aufzuführen.

Lena, die in dem Ballett eine der Feen tanzen sollte, lugte hinter der Bühne vorsichtig durch einen Spalt im geschlossenen roten Vorhang hindurch.

„So viele Leute!", staunte Lena. In der zweiten Reihe des Saals sah sie ihre Eltern sitzen. Doch der Platz neben ihrer Mutter war leer. „Wo ist denn Oma Rosa?", fragte sich Lena nervös.

Lenas Oma war selbst einmal eine Balletttänzerin gewesen. Und eine berühmte noch dazu. Von ihr hatte Lena

auch die Leidenschaft fürs Ballett geerbt.

Oma Rosa wohnte im gleichen Haus wie Lena. In ihrer Wohnung hingen viele Schwarz-Weiß-Fotos, auf denen sie als junge Tänzerin in wunderschönen weißen Tutus zu sehen war. Aber auch wenn sie schon lange mit dem Balletttanzen aufgehört hatte, bewegte sie sich selbst heute noch sehr elegant und leichtfüßig.

Lena nahm inzwischen schon seit einem Jahr Ballettunterricht und heute sollte sie zum ersten Mal in einem richtigen Stück mittanzen. Oma Rosa freute sich bereits seit Wochen darauf, Lena endlich auf einer Bühne tanzen zu sehen. Deshalb verstand Lena auch nicht, warum sie jetzt nicht auf dem für sie reservierten Platz saß.

„Pssst", hörte Lena plötzlich jemanden wispern.

Lena drehte sich um. „Oma Rosa!", rief sie und lief strahlend auf ihre Oma zu, die hinten beim Eingang stand.

„Ein hübsches Tutu hast du da an", meinte Oma Rosa und zwinkerte Lena zu.

„Das sagst du nur, weil es mal dir gehört hat", antwortete Lena lachend. Aber es war wirklich wunderschön, fand Lena. Der rosa Stoff glitzerte und funkelte, wenn sie sich drehte. „Danke, dass du es mir geschenkt hast", sagte Lena.

„Ich habe noch etwas für dich“, sagte Oma Rosa und öffnete ihre rechte Hand. Darin lag ein silbernes Armkettchen, das sie um Lenas Handgelenk legte. Das Kettchen bestand aus mehreren hellen Steinen, die milchig weiß schimmerten und in winzig kleine silberne Blüten eingefasst waren. Lena hatte noch nie etwas so Schönes gesehen.

„D…d…danke!“, stammelte Lena.

„Das ist eine Kette aus Mondsteinen. Man sagt, dass diese Steine den Träger vor allem Unheil beschützen. Als ich etwa so alt war wie du, habe ich die Mondsteine von einer guten Freundin geschenkt bekommen. Ich habe das Kettchen bei meiner ersten Ballettaufführung getragen und nun soll es auch dir Glück bringen.“

„Du bist die beste Oma der Welt!“, sagte Lena und umarmte sie fest. Sie war so froh, dass Oma Rosa vor der Aufführung noch einmal zu ihr gekommen war.

Plötzlich rief jemand von hinten: „Mensch, Lena, gleich geht es los und du hast noch nicht einmal deine Schuhe richtig geschnürt! Ab in die Umkleide mit dir!“

„Das ist Frau Karlowa, unsere Ballettlehrerin“, flüsterte Lena Oma Rosa ins Ohr.

„Na, dann gehe ich jetzt besser mal wieder an meinen Platz. Du wirst heute bestimmt ganz wunderbar tanzen, meine Kleine, hab keine Angst“, wisperte Oma Rosa, zwinkerte Lena noch einmal zu und verschwand von der Bühne.

Lena huschte zur Umkleide. Sie war ja so aufgeregt! Die anderen Mädchen hatten sich schon vorn seitlich der Bühne aufgestellt. Lena war die Letzte in der Umkleide. Schnell

wickelte sie die Bänder ihrer hellrosa Ballettschläppchen um die Knöchel. Das Orchester fing bereits an zu spielen.

„Lena, wo bleibst du denn?", hörte sie Frau Karlowa rufen.

„Ich komme gleich!", rief Lena zurück. Sie holte tief Luft. Würde sie alles tanzen können? Und wenn sie stolperte? Oder die Schritte vergaß? Schnell übte sie noch einmal die Tanzschritte, die sie gelernt hatte.

Lena war so in Gedanken versunken, dass sie gar nicht bemerkte, wie die Kristallsteine auf ihrem Tutu ungewöhnlich hell zu funkeln begannen. Die Luft im Umkleideraum vibrierte, doch Lena achtete nur auf ihre Ballettschritte. Sie setzte zu einer schwungvollen Pirouette an, stellte sich auf die Zehenspitzen und drehte sich im Kreis.

Plötzlich wurde ihr ganz schwindelig. Die Welt verschwamm um sie herum, ein Summen wie von unzähligen kleinen Libellenflügeln erklang. Ohne dass sie es wollte, wirbelte Lena immer schneller und schneller um sich selbst. Ihr Tutu strahlte hell auf. Geblendet schloss Lena die Augen.

Sternchen

„Wo bin ich? Was ist geschehen?“, dachte Lena, als sie die Augen wieder aufschlug. Verwundert blickte sie um sich.

Lena saß auf einem tiefgrünen Moosbett und blinzelte in die Sonnenstrahlen, die hier und da durch das Blätterdach der riesigen Bäume um sie herum fielen. Sie ging ein Stück auf dem grünen Moosteppich, der sich vor ihr auf dem Boden ausbreitete, und versuchte nachzudenken. Wie war sie nur hier gelandet?

Plötzlich hörte sie ein Schluchzen. Lena schaute in die Richtung, aus der das Geräusch kam, und entdeckte ein Mädchen, das unter einem großen Farn saß und bitterlich weinte. Neugierig ging Lena näher.

Als sie nur noch wenige Schritte entfernt war, sah sie, dass das Mädchen große durchsichtige Flügel zwischen seinen Schulterblättern hatte und einen glitzernden Sternenkranz um den Kopf trug. Zwischen seinen langen hellen Haaren blitzten ein Paar spitze Ohren hervor. Es trug ein mit Sternen übersätes dunkelblaues Kleidchen und war so zartgliedrig, dass Lena auf Anhieb klar war, dass das kein Mensch sein konnte.

Lena stockte der Atem. Dieses anmutige Wesen, das da vor ihr saß, war eine Elfe! Und wie groß sie war – beinahe so groß wie Lena selbst!

Dicke Tränen kullerten die blassen Wangen der Elfe hinunter.

„Kann ich dir helfen?“, fragte Lena scheu. Sie konnte kaum glauben, dass eine echte Elfe vor ihr saß.

„Mir kann niemand helfen“, schluchzte die Elfe und blickte mit tränennassem Gesicht auf. Als sie Lena sah, sprang sie überrascht auf. „Wer bist du denn? Ich hab dich noch nie hier gesehen.“ Sie wischte sich ihre Tränen weg und sah Lena fragend an.

„Ich bin Lena“, antwortete Lena. „Und du?“ Sie fühlte sich ein wenig unwohl, weil die Elfe sie so anstarrte.

Ohne etwas zu erwidern, ging die Elfe einmal im Kreis um Lena herum und betrachtete sie eingehend von allen Seiten.

„Du hast gar keine Flügel“, staunte sie. „Und überhaupt siehst du ganz anders aus als … Du bist ein Mensch!“, rief die Elfe plötzlich entzückt. „Was machst du denn hier im Elfenwald?“

Lena begann der Elfe zu erzählen, was ihr passiert war. Sie war froh, dass die Elfe aufgehört hatte zu weinen und nun aufmerksam ihrer Geschichte lauschte.

„Kannst du mir erklären, was das alles zu bedeuten hat?“, fragte Lena die Elfe.

„Hmm“, machte die Elfe und legte nachdenklich ihre Stirn in Falten. Dann klatschte sie in die Hände und flog aufgeregt um Lenas Kopf herum. „Ich weiß es! Ich weiß es!“, rief sie übermütig. Ihre Augen funkelten und sie strahlte über das ganze Gesicht. Ihre Traurigkeit war wie weggeblasen.

„Du bist hier, um das Sternenballett zu retten!“, sprudelte es aus der Elfe heraus.

„Sternenballett?“ Lena schaute die Elfe verwundert an. „Ich weiß nicht, wovon du sprichst. Kannst du mir das mal genauer erklären?“

„Das muss ich unbedingt den anderen erzählen! Ich erkläre dir alles später, jetzt komm erst mal mit und lerne die restlichen Elfenballerinen kennen!“, rief die Elfe und wurde ganz zappelig. „Es ist nicht weit bis zu unserer Eiche. Die werden vielleicht Augen machen!“ Sie kicherte. Es klang wie tausend kleine Glöckchen.

Lena blieb nichts anderes übrig, als mitzukommen, wenn sie erfahren wollte, was es mit dem Sternenballett auf sich hatte.

„Ich heiße übrigens Sternchen“, sagte die Elfe und nahm Lena bei der Hand.

Im Elfenreich

„Da ist es“, sagte Sternchen und zeigte auf eine riesige Eiche nur wenige Meter von ihnen entfernt.

Der Baum hatte einen dicken Stamm, der sich nach oben hin mehrfach verzweigte, und eine prachtvolle Baumkrone mit großen Blättern. An jedem Ast gab es winzige Häuschen, aus denen heraus es golden schimmerte. Und jedes dieser Häuschen sah anders aus! Manche hatten die Form von Waben, andere wiederum sahen aus wie kleine Höhlen und einige hatten sogar einen Balkon. Unzählige Treppen führten bis weit nach oben in die Krone des Baumes und Lena bemerkte einige Elfen, die geschäftig hin und her flatterten.

„Das ist wunderschön!“, rief Lena begeistert. „Lebst du etwa hier?“

„Natürlich“, erwiderte Sternchen kichernd. „Das ist der Wohnbaum aller Elfen hier im Elfenwald.

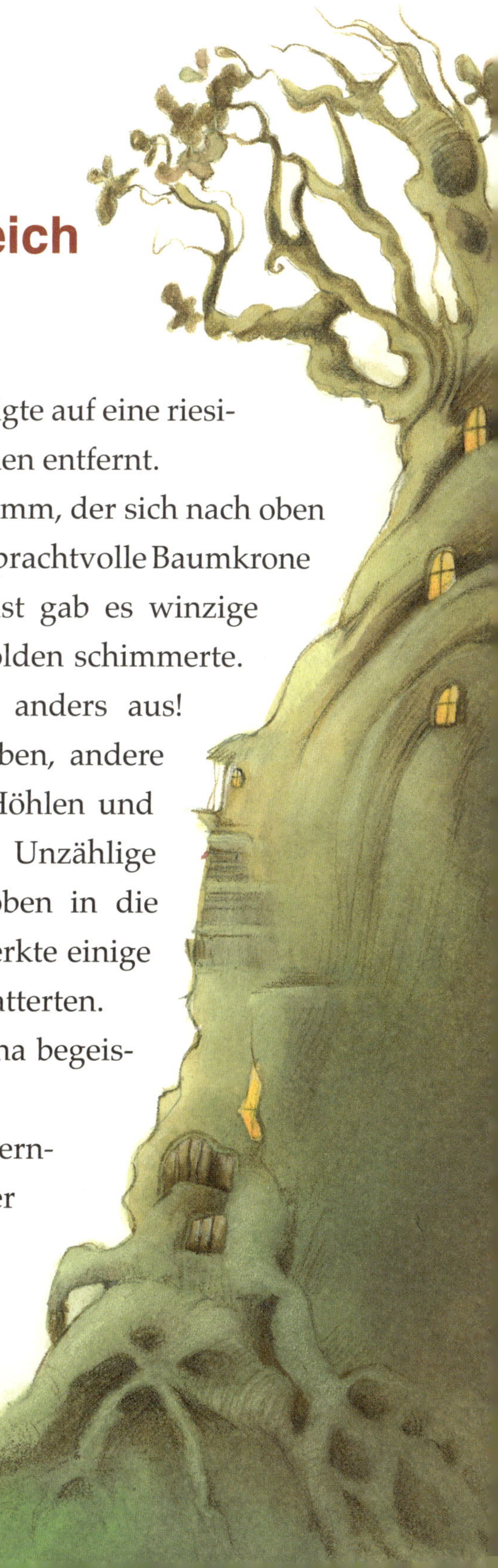

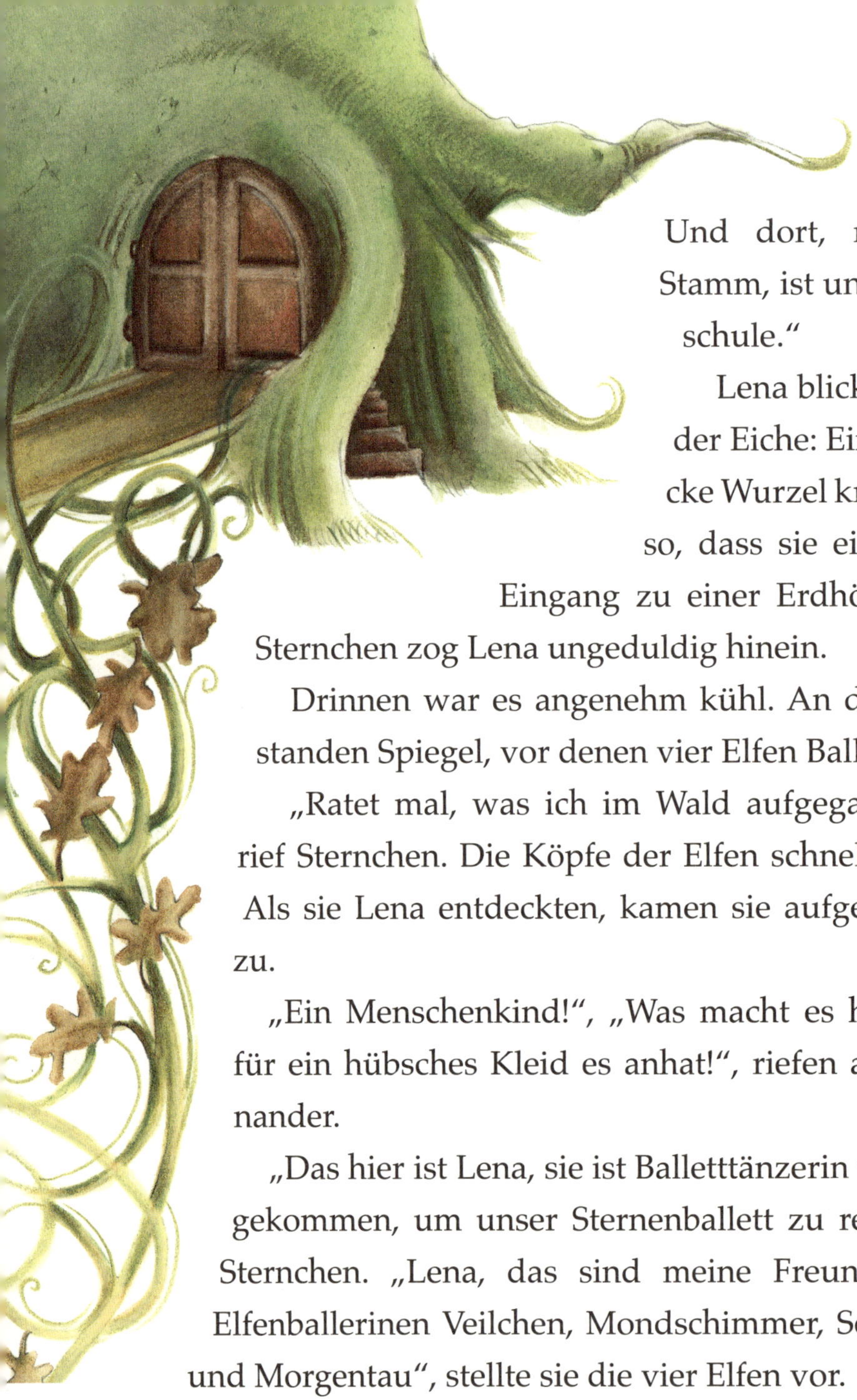

Und dort, neben dem Stamm, ist unsere Ballettschule.“

Lena blickte zum Fuß der Eiche: Eine lange, dicke Wurzel krümmte sich so, dass sie einen runden Eingang zu einer Erdhöhle bildete. Sternchen zog Lena ungeduldig hinein.

Drinnen war es angenehm kühl. An den Wänden standen Spiegel, vor denen vier Elfen Ballett übten.

„Ratet mal, was ich im Wald aufgegabelt habe!“, rief Sternchen. Die Köpfe der Elfen schnellten herum. Als sie Lena entdeckten, kamen sie aufgeregt auf sie zu.

„Ein Menschenkind!“, „Was macht es hier?“, „Was für ein hübsches Kleid es anhat!“, riefen alle durcheinander.

„Das hier ist Lena, sie ist Balletttänzerin wie wir und gekommen, um unser Sternenballett zu retten“, sagte Sternchen. „Lena, das sind meine Freundinnen, die Elfenballerinen Veilchen, Mondschimmer, Sonnenschein und Morgentau“, stellte sie die vier Elfen vor.

„Wie hübsch sie sind“, dachte Lena und betrachtete die Elfen neugierig.

Veilchen trug ein Kleid aus Veilchenblättern und in ihren Haaren steckten zahlreiche Blüten. Mondschimmer hatte eine beinahe durchsichtige Haut, lange dunkle Haare und ihr weißes Gewand war übersät mit kleinen schimmernden Monden. Sonnenschein zwinkerte Lena bei der Begrüßung fröhlich zu. Sie trug ein kurzes Sonnenblumenkleid und ein gelbes Haarband, auf dem winzige Sonnen glitzerten. Morgentau war die Kleinste. Sie hatte wunderschöne, große Augen, trug ein hellblaues Kleid und ihre Haare wurden von funkelnden Spangen zusammengehalten. Schüchtern versteckte sie sich hinter Sonnenschein.

„Es ist schön, euch kennenzulernen", meinte Lena. Dann drehte sie sich zu Sternchen, die neben ihr stand. „Aber was hat es denn nun eigentlich mit dem Sternenballett auf sich? Und welche Rolle spiele ich dabei? Sagst du mir das jetzt endlich?"

„Ja, ja, ich erzähl ja schon", antwortete Sternchen lachend. „Also, es ist so: Heute ist Tagundnachtgleiche. Das ist ein ganz besonderer Tag für uns Elfen. Denn am Abend der Tagundnachtgleiche wird das Sternenballett aufgeführt. Veilchen, Sonnenschein, Morgentau, Mondschimmer und ich tanzen jedes Jahr dieses Ballett. Doch gestern ist etwas Furchtbares passiert: Ich war drüben bei der Wildblumenwiese und wollte noch ein paar Blumen für das Fest pflücken, als plötzlich Nox auftauchte. Und noch ehe ich …“

„Halt, Moment mal“, unterbrach Lena sie. „Wer ist denn dieser Nox?“

„Ein Dunkelelf“, erwiderte Veilchen leise.

„Einer von der schlimmen Sorte“, ergänzte Mondschimmer schaudernd.

„Er hat Sternchen verzaubert, sodass sie nicht mehr tanzen kann. Dabei ist sie die wichtigste Tänzerin beim Sternenballett. Jetzt fällt sie jedes Mal hin, wenn sie die Schritte tanzt.

Ohne Sternchen sind wir nicht genug Elfenballerinen für das Ballettstück“, fügte Sonnenschein hinzu.

„Und wenn das Sternenballett nicht aufgeführt wird, dann werden im Elfenreich nie wieder die Sterne leuchten“, flüsterte Morgentau ängstlich.

„Das ist ja schrecklich!“, rief Lena entsetzt aus.

„Und dies gilt nicht nur für das Elfenreich. Auch in deiner Welt würden die Sterne für immer verlöschen, Lena", ergriff nun Sternchen wieder das Wort. „Das Sternenballett bringt die Sterne im Elfen- und im Menschenreich zum Leuchten. Die Magie des Sternenballetts wirkt aber nur, wenn es am heutigen Abend aufgeführt wird. Und da kommst du ins Spiel. Ich glaube, dass du hierhergeschickt wurdest, damit du meinen Platz im Sternenballett einnimmst."

„Ich? Aber … aber ich kenne doch die Schritte gar nicht! Warum kann denn nicht eine andere Elfe mittanzen?", fragte Lena verwirrt.

Sternchen seufzte. „Wir fünf sind die einzigen Elfenballerinen hier im Elfenwald. Keine andere Elfe kann so schnell bis heute Abend die Schritte lernen. Aber du, Lena, du bist doch auch eine Ballerina! Bestimmt kennst du ein paar der Tanzschritte und den Rest zeigen wir dir einfach. Bitte, du musst uns helfen! Du bist unsere einzige Hoffnung“, flehte Sternchen.

„Glauben sie wirklich, ich könnte bei einem Elfenballett mittanzen?“, dachte Lena. Sie würde doch sicher hinfallen! Aber die Elfen brauchten ihre Hilfe. „Gut, ich tu es“, sagte Lena dann langsam. „Zeigt mir, welche Schritte ich tanzen soll, damit ich …“

Weiter kam Lena nicht, denn die fünf Elfen hatten sich jubelnd auf sie gestürzt und umarmten sie. „Lena tanzt im Sternenballett! Lena tanzt im Sternenballett!“, riefen sie immer wieder, tanzten ausgelassen um Lena herum und steckten sie mit ihrer Fröhlichkeit an.

„Na ja, es wird schon klappen“, dachte Lena lächelnd.

Nox

„… zwei, drei, vier, Plié, dann wieder in die erste Position“, erklärte Sternchen Lena die Ballettschritte.

„Und der Grand jeté danach geht so“, sagte Sonnenschein und vollführte einen perfekten Sprung.

„Wunderschön!“, rief Lena begeistert.

Lena war zwar schon einmal einen Grand jeté gesprungen, aber so

anmutig wie Sonnenschein schaffte sie es noch nicht. Sie übten jetzt schon eine ganze Weile draußen vor der Elfeneiche. Lena war inzwischen völlig außer Atem.

„Nach dem Grand jeté gehst du dann auf halbe Spitze und …“, fuhr Sternchen fort.

„Stopp!“, unterbrach Lena sie keuchend. „Ich brauche dringend eine Pause.“ Sie ließ sich auf den weichen Boden sinken.

„Aber wir haben nicht mehr viel Zeit und ich hab dir noch nicht einmal die Arabesque gezeigt“, drängte Sternchen sie weiterzumachen.

„Lass sie doch mal kurz zu Atem kommen“, sagte Mondschimmer mit ihrer sanften Stimme.

„Na gut, aber ich zeige ihr trotzdem schnell die Arabesque. Sie kann ja sitzen bleiben und dabei zuschauen“, meinte Sternchen eifrig. Noch bevor jemand sie aufhalten konnte, streckte sie ihren rechten Arm nach vorn, ihr linkes Bein waagrecht nach hinten und – *Plumps!*, fiel sie zu Boden.

Veilchen kam sofort angesprungen und half Sternchen wieder auf die Füße.

„Ich hatte schon beinahe vergessen, dass Nox mich verzaubert hat“, murmelte Sternchen und ließ bekümmert ihre Flügel hängen.

Lena ging zu Sternchen und legte den Arm um ihre Schultern. „Sei nicht traurig. Ich schaff das schon. Ich tanze zwar nicht so anmutig wie du, aber die Schritte bekomme ich schon hin. Lass uns weitermachen“, versuchte sie, die Elfe zu trösten.

Dankbar lächelte die Elfenballerina mit dem Sternenkleid sie an.

Lena übte mit den anderen weiter, während Sternchen im Moos saß und ihnen die Schrittfolge vorsagte.

„... vier, fünf, Kniebeuge, sechs, sieben, Drehung", zählte Lena in Gedanken mit.

Für das Ballettstück *Dornröschen* hatte Lena genau diese Tanzschritte eingeübt und konnte sie deshalb schon recht gut. Nur den Grand jeté bekam sie noch nicht ganz hin. Sie setzte gerade zum Sprung an, als sie hinter einem der Bäume plötzlich etwas entdeckte: Ein dunkles Gesicht, das kaum vom Baumstamm zu unterscheiden war, lugte hervor, war aber gleich darauf wieder

verschwunden. Noch bevor Lena wusste, was geschah, blieb sie mit dem linken Bein an etwas hängen, stolperte und stürzte. Die Mondsteine an Lenas Armkettchen funkelten hell auf.

„Oh nein!“, schrie Sternchen, als sie sah, wie Lena zu Boden fiel.

Sofort eilten die fünf Elfen zu Lena. „Autsch! Ich kann nicht auftreten. Mein Knöchel!“, stöhnte Lena.

„Wie ist das nur passiert? Die Wurzel im Boden, über die Lena gestolpert ist, war doch vorher noch nicht da“, wunderte sich Veilchen.

„Kurz bevor ich gestolpert bin, habe ich dahinten etwas bei den Bäumen gesehen. Ein Männchen mit einer dicken Knollennase, das fies grinste. Aber dann war es sofort wieder weg“, erzählte Lena den Elfenballerinen.

„Nox! Das war Nox, der Dunkelelf! So nah am Wohnbaum!“ Erschrocken blickte sich Morgentau um.

„Bestimmt hat er die Wurzel aus dem Boden wachsen lassen. Er versucht wirklich alles, um die Aufführung zu verhindern“, sagte Sternchen grimmig. „Wir müssen sofort zur Krankenstation. Hoffentlich ist dein Knöchel nur verstaucht!“

Die Heilelfe

Die fünf Elfen nahmen Lena zwischen sich und flogen mit ihr zum Wohnbaum. An einem der unteren Zweige bogen sie rechts ab und brachten Lena in einen hell erleuchteten runden Raum, in dem unzählige Töpfchen, Schalen und Gläschen standen.

„Hallo, Rotbäckchen, wir haben eine Patientin für dich, jemand aus dem Menschenreich“, begrüßte Sternchen eine rotwangige Elfe, die mitten im Raum stand und in einem Topf rührte.

„Das ist unsere Heilelfe Rotbäckchen, sie kann deinen Knöchel bestimmt wieder gesund machen“, flüsterte Sonnenschein Lena zu.

„Legt sie in eine der Hängematten“, bat Rotbäckchen.

Lena staunte, als sie die Hängematten sah. Sie waren aus feinen Spinnweben gefertigt und wurden von weißblütigen Margeriten gehalten, die im Boden steckten.

Erst jetzt wurde Lena bewusst, dass nicht die Elfen so groß wie sie waren, sondern dass sie selbst die Größe einer Elfe hatte! Sie war nur noch ein paar Zentimeter groß – nicht größer als eine Margerite!

„Wo tut es dir denn weh?“, unterbrach die Heilelfe Lenas Gedanken.

„Hier, am Knöchel. Ich bin beim Tanzen gestolpert“, erwiderte Lena.

Die Heilelfe untersuchte vorsichtig Lenas Knöchel. Dann ging sie zu einem der Regale und nahm eine Schale heraus.

Sie strich die zähe Paste, die in dem Schälchen war, vorsichtig auf Lenas Fuß.

„Das ist eine Propolis-Salbe aus Bienenwachs, die wirkt wahre Wunder“, erklärte Rotbäckchen und pustete einmal sanft über den schmerzenden Knöchel. Lenas ganzes Bein fing an zu prickeln.

„Bin ich bis heute Abend wieder fit?“, wollte Lena von der Heilelfe wissen. Schließlich durfte das Sternenballett doch nicht wegen ihr ins Wasser fallen!

„Dein Knöchel ist nur ein wenig verstaucht. Wenn du ihn die nächste Stunde ruhig hältst, ist er wieder so gut wie neu“, antwortete die Heilelfe freundlich.

„Ich danke dir“, sagte Lena erleichtert.

Rotbäckchen lächelte sie an. „Wie ist das eigentlich passiert?“, fragte sie.

Sternchen erzählte ihr, was geschehen war.

„Das müsst ihr unbedingt der Elfenkönigin heute Abend berichten. Nox hat sich noch nie so nah an den Wohnbaum getraut“, sagte Rotbäckchen und wandte sich dann an Lena. „Du hattest Glück. Normalerweise lässt Nox niemanden so einfach davonkommen.“

Nachdenklich betrachtete Lena das Armkettchen. Kurz bevor sie hingefallen war, hatten die Mondsteine hell aufgeleuchtet. „Wahrscheinlich hätte ich mir den Knöchel sogar gebrochen, wenn die Mondsteine mich nicht vor dem Zauber des Dunkelelfen beschützt hätten", überlegte sie.

„Und was machen wir jetzt, bis Lenas Knöchel wieder ganz heil ist? Tanzen üben können wir jedenfalls vergessen", gab Veilchen missmutig von sich.

„Lena kennt doch inzwischen alle Schritte. Sie soll sich bis heute Abend ausruhen und dann wird schon alles gut gehen", meinte Sonnenschein unbekümmert und lächelte Lena zuversichtlich zu.

„Muss ich jetzt bis heute Abend hier in der Hängematte liegen?", fragte Lena.

Sternchen runzelte die Stirn.

„Ich habe vielleicht eine Idee, wie wir die Zeit besser überbrücken können", sagte sie langsam und huschte dann eilig aus der Krankenstation. Lena hörte, wie sie draußen einen schrillen Pfiff ausstieß.

„Sie ruft Simson", wisperte Morgentau und klatschte freudig in die Hände.

„Simson?", wunderte sich Lena.

„Wer ist denn das schon wieder?"

Da hörte Lena plötzlich lautes Flügelschlagen. Rotbäckchen und Sonnenschein hakten Lena unter, halfen ihr aus der Hängematte und stützten sie auf dem Weg nach draußen.

Lena schnappte erschrocken nach Luft, als sie sah, was sich auf einem Ast vor der Krankenstation niedergelassen hatte: Es war ein riesengroßer weißer Rabe.

„Ein weißer Rabe? Das habe ich ja noch nie gesehen!“, staunte Lena.

„Lena, darf ich dir meinen Freund Simson vorstellen? Er ist etwas ganz Besonderes, und das nicht nur, weil er der einzige Rabe mit weißen Federn ist, den es gibt“, sagte Sternchen und kam, bis über beide Ohren grinsend, auf Lena zu. „Ich dachte mir, dass wir vielleicht einen Rundflug machen, dann kannst du das Elfenreich von oben sehen. Ich finde, das hast du dir verdient.“

„Auf dem Raben?“, fragte Lena vorsichtig.

Sternchen lachte. „Ja, klar! Simson ist so lieb und lässt mich ab und zu auf ihm fliegen, wenn ich mal längere Strecken zurücklegen muss. Ich habe mit ihm schon so manches Abenteuer erlebt und wir sind richtig gute Freunde geworden. Und da du deinen Knöchel nicht belasten darfst, kommt doch so ein Rundflug gerade recht, oder nicht?“

Der Rabe trat auf sie zu, ließ sich tief nieder und krächzte ihnen auffordernd zu. Sternchen stellte einen kleinen Schemel, den sie schnell aus der Krankenstation geholt hatte, neben ihn und kletterte von dort auf den Rücken des Raben. „Jetzt du, Lena!“, rief sie.

Lena holte tief Luft. „Also gut. Los geht's“, murmelte sie.

Vorsichtig stieg sie auf den Hocker und von dort mit Sternchens Hilfe auf den Rabenrücken.

Lena und Sternchen winkten den anderen Elfen zum Abschied.

„Seid nur rechtzeitig wieder zurück, bevor es dunkel wird!“, rief ihnen Veilchen noch zu, da hüpfte der Rabe auch schon an das äußerste Ende des Asts, breitete seine Flügel aus und hob ab.

Der Rabenflug

Zuerst fühlte sich Lena unwohl auf dem Rücken des Raben. Sie saß hinter Sternchen und traute sich kaum hinunterzusehen. Die Luft pfiff während des Fluges an ihren Ohren vorbei und Lena hatte Angst hinunterzufallen. Aber nach und nach entspannte sie sich und nach einer Weile genoss sie es sogar, hoch oben über der Erde dahinzugleiten.

„Das sieht so schön aus! Was ist das?", fragte Lena und zeigte auf einen riesigen See, über den sie gerade flogen.

„Das ist der See der verlorenen Wünsche", erklärte Sternchen. „Die Legende besagt, dass all die Tränen, die über einen nicht in Erfüllung gegangenen Wunsch vergossen werden, in diesen See fließen."

Sternchen zeigte geradeaus. „Und dort hinten kann man schon die Sieben Berge sehen, wo die Bergelfen leben. Und sieh mal da unten, neben dem großen Felsen, der aussieht wie ein Bär, dort beginnt das unterirdische Reich der Dunkelelfen."

Lena blickte in die Richtung, in die Sternchen zeigte. Der Felsen sah tatsächlich aus wie ein aufrecht stehender Bär. Dahinter erstreckte sich eine karge, felsige Einöde.

„Sieht nicht sehr schön aus", fand Lena. „Warum will dieser Dunkelelf Nox eigentlich nicht, dass ihr das Sternenballett tanzt?"

Sternchen schwieg einen Moment. Dann antwortete sie: „Nox geht es nicht nur um das Sternenballett. Er hat in letzter Zeit überall, wo er nur konnte, Unruhe gestiftet.

Eigentlich bleiben die Dunkelelfen in ihrem Reich unter der Erde. Doch vor einiger Zeit hat Nox in einer unterirdischen Höhle einen Beutel mit Zauberstaub gefunden, der ihm gewaltige magische Kräfte verleiht. So konnte er auch den bisherigen König der Dunkelelfen, mit dem wir Frieden geschlossen hatten, vom Thron stürzen und die Herrschaft über das unterirdische Reich an sich reißen. Aber das ist ihm nicht genug. Er will nun auch das Reich der Elfen über der Erde beherrschen, also uns. Er hasst alles Schöne und Gute und möchte die Welt in Chaos und Dunkelheit stürzen. Er weiß, dass die Sterne nicht mehr leuchten, wenn das Sternenballett heute nicht getanzt wird. Deshalb versucht er, es mit allen Mitteln zu verhindern. Aber das ist noch nicht alles …"

Auf einmal krächzte der Rabe laut. Sternchen schaute mit besorgtem Blick über ihre Schulter.

„Was ist los?", fragte Lena, als sie Sternchens Unruhe bemerkte.

„Ein Rabe verfolgt uns", antwortete Sternchen leise.

Lena blickte nach hinten und sah, wie ein schwarzer Rabe hinter ihnen herflog und immer näher kam.

„Was will er?", wollte Lena von Sternchen wissen.

„Ich bin mir nicht sicher. Entweder hat er eine Botschaft für uns oder …“

„Oder?“, fragte Lena beunruhigt.

„… oder Nox hat ihn geschickt“, beendete Sternchen den Satz.

Und kaum hatte sie die letzten Worte ausgesprochen, da holte der schwarze Rabe auch schon auf und begann, nach den Schwanzfedern des weißen Raben zu picken. Simson krächzte laut und flog einen scharfen Bogen, um seinem Verfolger zu entkommen.

„Halte dich gut fest!“, rief Sternchen Lena zu.

Doch der schwarze Rabe ließ nicht locker. Nun versuchte er, nach Lena und Sternchen zu schnappen. Lena schrie entsetzt auf und duckte sich.

Und dann geschah es: Der schwarze Rabe prallte gegen Simson, sodass der weiße Rabe auf einmal ins Trudeln geriet. Dabei verlor Lena den Halt und stürzte in die Tiefe!

„Hiiiilfeee!“, schrie Lena panisch und schloss ängstlich die Augen.

Simson schlug verzweifelt mit den Flügeln, um sein Gleichgewicht wiederzufinden.

Der schwarze Rabe krächzte triumphierend, als er sah, wie Lena hilflos dem Boden entgegenstürzte, und flatterte zufrieden davon.

Doch plötzlich spürte Lena etwas Weiches unter sich. Vorsichtig öffnete sie die Augen. „Simson!“, rief sie erleichtert. Der weiße Rabe hatte sie im letzten Moment aufgefangen.

Sternchen umarmte Lena stürmisch. „Ich habe solche Angst um dich gehabt!“, sagte sie.

„Uff, das war wirklich ganz schön knapp“, meinte Lena.

Simson flog nun dicht über dem Boden entlang. Von dem schwarzen Raben war inzwischen nichts mehr zu sehen. Dankbar strich Lena Simson über sein weiß glänzendes Gefieder. Der weiße Rabe krächzte leise.

„Die Sonne geht schon unter, es wird langsam dunkel“, bemerkte Sternchen da. „Und wir sind viel zu weit weg vom Elfenwald. Wir kommen zu spät zum Sternentanz!“ Sie beugte sich nach vorn und rief dem Raben zu: „Kehr um, Simson! Und nimm die Abkürzung über die Kristallhöhlen, wir müssen so schnell wie möglich zurück!“

Der Rabe flog einen weiten Bogen und dann in entgegengesetzter Richtung weiter.

Es war schon dunkel, als sie endlich den Elfenwald erreichten. Als Simson zur Landung vor dem beleuchteten Wohnbaum der Elfen ansetzte, konnte Lena die vier anderen Elfenballerinen sehen, die bereits ungeduldig auf sie warteten.

„Wir haben es geschafft!", dachte Lena erleichtert, während sie vom Rücken des Raben kletterte. „Nun kann der Sternentanz doch noch stattfinden. Nox konnte uns nicht aufhalten."

Tagundnachtgleiche

Wie die Heilelfe prophezeit hatte, spürte Lena nach dem Flug mit dem Raben keine Schmerzen mehr in ihrem Knöchel. Sie konnte wieder normal auftreten und auch ohne Probleme tanzen.

Noch ein letztes Mal gingen Mondschimmer, Sonnenschein, Morgentau, Lena und Veilchen die Tanzschritte fürs Sternenballett durch. Sternchen korrigierte Lena noch hier und da, aber es waren nur Feinheiten, denn insgesamt war sie sehr zufrieden.

Auf einmal bemerkte Lena, dass unzählige Elfen den Wohnbaum verließen und mit libellengleichem Flügelflattern in dieselbe Richtung davonsausten.

„Wo fliegen denn all die Elfen hin?“, fragte sie und zeigte zur Eiche.

„Sie fliegen zur Waldlichtung“, erklärte Sternchen, während sie den davoneilenden Elfen nachblickte. „Dort findet gleich das Fest der Tagundnachtgleiche statt. Den ganzen Tag schon wurden Vorbereitungen dafür getroffen. Wir müssen uns beeilen, denn …“

„Was ist das denn für ein Fest?“, unterbrach Lena Sternchen. Sie hatte noch nie davon gehört.

„Bei der Tagundnachtgleiche ist überall auf der Welt der Tag genauso lang wie die Nacht“, erklärte Veilchen, die Lenas Frage mitbekommen hatte. „Das gibt es immer nur zweimal im Jahr, einmal im Frühling und einmal im Herbst. Ab jetzt werden die Tage wieder länger sein als die Nächte. Die Natur erwacht zu neuem Leben.“

„Und deshalb wird bei uns der Tag auch mit einem fröhlichen Fest gefeiert“, ergänzte Sternchen eifrig.

Plötzlich ertönte eine Fanfare.

Sonnenschein jubelte:

„Königin Mirabella ist da!“

Eine zweite Fanfare erklang.

„Gleich beginnt das Fest!“, rief Morgentau und hüpfte aufgeregt von einem Bein auf das andere. „Schnell zur Lichtung!“

Sternchen und Sonnenschein hakten sich bei Lena ein und gingen mit ihr zu Fuß, während Veilchen, Mondschimmer und Morgentau vorausflogen.

„Ich wünschte, ich hätte auch Flügel“, seufzte Lena.

„Ach was, Flügel werden völlig überbewertet“, meinte Sternchen grinsend.

Zur Waldlichtung war es nicht weit. Als sie dort ankamen, blieb Lena vor lauter Staunen der Mund offen stehen.

„Ich habe noch nie etwas so Schönes gesehen!“, sagte sie atemlos.

Zahllose Elfen hatten sich rund um die Lichtung versammelt, saßen im Moos, lachten und redeten fröhlich miteinander. Zwischen den Elfen entdeckte Lena eine Hasenmama mit ihren Jungen und einige Eichhörnchen.

Auch ein paar Mäusefamilien waren zu sehen, die aufgeregt hin und her huschten. Marienkäfer und Schmetterlinge flogen durch die Luft und im Geäst der Bäume saßen unzählige Vögel beisammen.

Die Büsche und Bäume rund um die Lichtung waren mit bunten Blütengirlanden geschmückt. Überall hingen Lampions aus getrockneten Blütenblättern und erhellten den Festplatz.

„Königin Mirabella bittet die Glühwürmchen immer, für das Fest in die Lampions zu schlüpfen, um die Lichtung zu beleuchten“, wisperte Sternchen, als sie sah, wie Lena die Lampions betrachtete.

„Und die Leckereien da drüben sind alle für uns?“, flüsterte Lena und zeigte zum Rand der Lichtung.

„Mmmmmh, geröstete Sonnenblumenkerne, Ahornsaft, Eichelbrot, Mäusemilchkäse, Honigsuppe ...“, schwärmte Sonnenschein.

„... und Sternenlicht-Pudding! Da könnte ich mich reinlegen!“, rief Sternchen, als sie den Pudding entdeckte.

Auf einmal wurde es ganz still. Die Elfenkönigin hatte sich erhoben und ging langsam zur Mitte der Waldlichtung. Sie war atemberaubend schön. Sie hatte lange helle Haare, zart glitzernde Flügel und trug ein Kleid mit einer Schleppe aus rosafarbenen Rosenblütenblättern. Auf ihrem Kopf blitzte ein goldenes Krönchen und in ihrer Hand hielt sie einen silbernen Stab, an dessen oberem Ende sich ein milchig schimmernder Stein befand.

Lena blickte verwirrt zwischen den Mondsteinen an ihrem Armkettchen und dem Stein auf dem Stab der Königin hin und her. „Das gibt es doch nicht!", murmelte sie leise vor sich hin. Denn der Stein auf dem Stab der Königin war auch ein Mondstein! War das nur ein Zufall?

Die Elfenkönigin klopfte mit ihrem Stab dreimal auf die Erde. Der Mondstein leuchtete hell auf und hüllte die Lichtung für einen kurzen Moment in eine strahlende Lichtkugel. Schon im nächsten Augenblick war das Licht jedoch wieder verschwunden und Königin Mirabella sagte feierlich: „Möge das Fest beginnen!"

Das Sternenballett

Lena, Sonnenschein und Sternchen setzten sich zu Morgentau, Mondschimmer und Veilchen, die auf einem Stein am Rand der Lichtung saßen.

Sternchen beugte sich zu Lena hinüber und sagte leise: „Zuerst kommen die Elfenkinder. Danach sind wir …“, sie korrigierte sich, „seid ihr dran.“

Plötzlich bemerkte Lena etwas hinter einem Busch.

„Da ist Nox!“, schrie sie erschrocken auf.

Der knollennasige Dunkelelf stand etwas abseits von der Lichtung, hatte ein Säckchen in der Hand und schien etwas vor sich hin zu murmeln. Noch ehe Lena reagieren konnte, nahm er etwas aus seinem Beutel und warf es böse grinsend in die Luft. Hell glitzernder Staub schwebte herab.

„Wir müssen etwas tun! Das ist der Zauberstaub! Gleich passiert etwas Schlimmes!“, rief Lena und sprang auf.

Sternchen zog sie wieder auf den Stein zurück. „Keine Sorge, uns wird heute Abend nichts passieren“, beruhigte Sternchen sie. „Hast du vorhin die Lichtkugel gesehen, die von dem Stein an Königin Mirabellas Stab ausging?“

Lena nickte.

„Sie hat einen Schutzschild um die Lichtung gelegt. Keine böse Magie kann diesen Schild während des Fests durchbrechen. Nox ist völlig machtlos. Jetzt kommt es nur noch darauf an, dass das Sternenballett auch wirklich getanzt wird."

Und tatsächlich: Lena beobachtete, wie der Zauberstaub funkelnd zur Erde fiel, ohne dass etwas passierte. Nox kratzte sich verwirrt am Kopf und schaute sich ratlos um. Dann runzelte er seine lange Nase – und nieste.

„Ich glaube, er hat etwas Zauberstaub in die Nase bekommen", sagte Lena und kicherte.

Der Dunkelelf blickte Lena böse an und erhob wütend seine Fäuste. Dann stampfte er davon.

Lena war zwar erleichtert, dass er ihnen nun nichts mehr anhaben konnte, musste aber gleichzeitig daran denken, dass jetzt alles davon abhing, dass sie fehlerfrei tanzte.

Lena schluckte. Wenn sie versagte, würden die Sterne nie wieder leuchten! Am besten, sie dachte gar nicht darüber nach. „Wie waren noch mal die Schritte?“, versuchte sie sich zu erinnern.

Da merkte Lena, wie Sternchen sanft ihre Hand drückte. „Du schaffst das schon“, sagte sie und lächelte ihr ermutigend zu.

Da kamen auch schon die Elfenkinder auf die Lichtung. Sie hatten kurze Kleidchen in allen Farben des Regenbogens an. Für kurze Zeit vergaß Lena, dass sie aufgeregt war. Die Elfenkinder stellten sich auf die Waldlichtung, nahmen sich an den Händen und begannen zu singen. Während sie sangen, tanzten sie Hand in Hand im Kreis.

Ein kleines Elfenmädchen passte einen Moment lang nicht auf, stolperte und fiel zu Boden. Doch es kicherte bloß, stand auf und reihte sich

wieder bei den anderen Kindern ein, als wäre nichts geschehen.

„Das Elfenmädchen findet es gar nicht schlimm, dass es hingefallen ist“, dachte Lena bewundernd.

Lena war so begeistert von den kleinen Elfchen, dass sie gar nicht merkte, wie Sternchen sie an ihrem Tutu zupfte. „Du musst jetzt zu den anderen gehen. Ihr seid gleich dran. Viel Glück!“, flüsterte Sternchen.

Lena blickte sich um. Veilchen, Sonnenschein, Mondschimmer und Morgentau standen schon bereit und winkten ihr zu. Lena eilte zu ihnen.

„Ich bin so nervös“, sagte Lena und zitterte vor Aufregung.

„Atme ruhig und konzentriere dich auf die Schritte, dann geht nichts schief“, versuchte Veilchen, sie zu beruhigen.

Die Elfenkinder hatten inzwischen ihre Vorführung beendet und hüpften unter jubelndem Beifall von der Lichtung.

Und dann ging es los.

Das Elfenorchester begann zu spielen. Eine süße Melodie erfüllte die Abendluft.

Lena holte tief Luft und machte sich Mut: „Ich kann das!"

Die vier Elfenballerinen liefen mit Lena in die Mitte der Waldlichtung. Die Glühwürmchen in den Lampions dimmten ihr Licht und Morgentau und Mondschimmer begannen mit dem Pas de deux. Ihre Flügel glitzerten im hellen Mondlicht, während sie tanzten. Bei jedem Sprung flatterten sie ein Stück in die Luft und drehten sich so anmutig, dass es eine reine Freude war, ihnen zuzusehen.

Dann reihten sich auch Sonnenschein, Veilchen und Lena mit ein. Schon nach den ersten Schritten verschwand Lenas Aufregung. Sie fühlte sich auf einmal so leicht und frei, dass sie fast das Gefühl hatte, auch eine Elfe zu sein. Selbst der Grand jeté, mit dem sie am Nachmittag so Schwierigkeiten gehabt hatte, gelang ihr nun mühelos. Ihr rosa Tutu glitzerte beim Tanzen mit den Kleidern der anderen um die Wette.

Als sich das Sternenballett langsam dem Ende zuneigte, konnte Lena kaum glauben, dass es so schnell vorbeigegangen war.

„Ich könnte noch ewig so weitertanzen!“, dachte Lena und lachte.

Zum Abschluss stellten sich Lena, Sonnenschein, Veilchen, Morgentau und Mondschimmer im Kreis auf und nahmen sich so bei den Händen, dass sie mit ihren Körpern einen Stern bildeten.

Im gleichen Augenblick fiel direkt über der Lichtung eine Sternschnuppe vom Himmel. Ein großes „Oooh“ brach unter den Elfen aus. Und dann erschienen – einer nach dem anderen – unzählige Sterne am Nachthimmel. Sie funkelten und strahlten, als wären sie soeben zum Leben erwacht.

„Geschafft!“, jubelte Lena, als sie die Sterne aufleuchten sah.

Unter großem Applaus verließen die Elfenballerinen zusammen mit Lena die Lichtung.

„Du hast einfach wunderbar getanzt – wie eine richtige Elfe!“, rief Sternchen und strahlte über das ganze Gesicht. „Danke, dass du das Sternenballett gerettet hast!“

Die Elfenkönigin

Die Elfenballerinen und Lena standen noch eine Weile zusammen und redeten und lachten ausgelassen. Alle freuten sich, dass die Aufführung des Sternenballetts so gut geklappt hatte.

„Habt ihr die große Sternschnuppe gesehen?", fragte Lena mit glühenden Wangen.

„Ja, das war wirklich außergewöhnlich. Das ist noch nie passiert!", erwiderte Sonnenschein mit glänzenden Augen.

„Und wie du den Grand jeté gesprungen bist! So anmutig!", sagte Sternchen voller Bewunderung. „Und die Drehung erst! So hast du gemacht …" Sternchen drehte sich einmal um sich selbst und vollführte dann völlig selbstvergessen einen Grand jeté.

„Seht doch mal!“, rief Lena da aufgeregt. „Sternchen kann wieder tanzen!“

Veilchen, Morgentau, Mondschimmer und Sonnenschein blickten ganz überrascht zu Sternchen. Als sie sahen, wie sie sprang und sich drehte, klatschten sie begeistert in die Hände. „Der Bann ist gebrochen!“, jubelten sie.

Sternchen bemerkte erst jetzt, dass sie wieder tanzen konnte, ohne hinzufallen. Übermütig flatterte sie in die Luft und flog vor Freude einen Looping nach dem anderen.

Einige der Elfen, die rund um die Lichtung gesessen hatten, standen nun auf und probierten die Leckereien, die für das Fest zubereitet worden waren. Andere fingen an, im Mondlicht zu tanzen. Es herrschte eine fröhliche Stimmung.

Sonnenschein, Mondschimmer und Veilchen gingen ebenfalls los, um sich etwas zu essen zu holen. Morgentau tanzte mit einem der Elfenkinder einen Reigen.

„Du musst unbedingt etwas von dem Mondkuchen probieren. Der schmeckt ganz köstlich“, nuschelte Mondschimmer mit vollem Mund.

Lena wollte sich gerade ein Stück davon nehmen, als Sternchen sie zur Seite zog.

„Was ist los?“, fragte Lena.

„Ich möchte mich gerne bei

dir mit etwas ganz Besonderem bedanken – für alles, was du getan hast", sagte Sternchen leise. Dann drehte sie sich im Kreis, stellte sich auf die Zehenspitzen und hob die Arme zum Himmel. Die Sterne in ihrem Haar glitzerten mit den Sternen am Nachthimmel um die Wette. Der Tanz war einfach atemberaubend.

„Sternchen kann von allen Elfenballerinen am besten tanzen", dachte Lena.

Auf einmal entdeckte Lena einen Stern, der langsam zu ihr hinuntergeschwebt kam und dann über ihrem Kopf hell aufleuchtete. Im nächsten Augenblick war er jedoch wieder verschwunden. Da bemerkte Lena, wie etwas auf ihrem Tutu zu funkeln begann.

„Was … was …", stammelte Lena überrascht. Ein strahlender Stern glitzerte jetzt auf ihrem Kleid.

„Das ist mein Geschenk für dich – zur Erinnerung an deinen Tanz im Sternenballett", sagte Sternchen.

Lena nahm die Elfenballerina fest in die Arme. Sie wusste nicht, was sie sagen sollte. Der Stern auf ihrem Ballettkleid war wunderschön.

Da zupfte plötzlich jemand an Lenas Tutu. Es war das kleine Elfenmädchen, das beim Tanzen gestolpert war. Erstaunt beugte sich Lena zu ihr hinunter.

„Königin Mirabella will dich sehen", sagte das Elfchen und hüpfte auch schon wieder davon.

„Warte doch mal! Wo finde ich denn die Elfenkönigin?", rief Lena ihr noch hinterher. Aber das Elfenmädchen war schon verschwunden.

„Keine Sorge, ich bringe dich hin. Ich glaube, ich habe die Königin zuletzt beim Holunderbusch gesehen“, beruhigte Sternchen Lena. „Ich will ihr sowieso noch von Nox berichten.“

Gemeinsam bahnten sie sich einen Weg an den vielen Elfen und Tieren vorbei, die auf der Waldlichtung feierten. Als sie am Holunderbusch ankamen, verabschiedete sich die Elfenkönigin gerade von einer ganz in Grün gekleideten Elfe.

„Das ist Grünchen“, flüsterte Sternchen Lena ins Ohr. „Eine Baumelfe, eine Botin von Königin Mirabella. Keine andere Elfe fliegt schneller als sie.“

Die Elfenkönigin begrüßte Sternchen und Lena sehr freundlich.

Lena machte einen Knicks und sagte: „Ich grüße Euch, Königin der Elfen.“

Königin Mirabella lächelte. „Willkommen in meinem Reich, Menschenkind“, erwiderte sie. „Du hast sehr schön getanzt. Allerdings muss ich zugeben, dass ich etwas erstaunt war, ein Menschenmädchen beim Sternenballett zu sehen. Wie kam es dazu?“

Bevor Lena etwas erwidern konnte, ergriff auch schon Sternchen das Wort: „Lena wurde uns geschickt, damit sie mich im Sternenballett vertritt. Und das hat sie wirklich fabelhaft gemacht! Der ganze Schlamassel fing gestern an, als ich dem garstigen Dunkelelf Nox begegnet bin und …“ Sternchen berichtete, was seitdem alles passiert war.

Während die Königin ihr zuhörte, sah sie immer wieder zu Lena.

„… und dann hat Lena getanzt und so das Sternenballett gerettet“, endete Sternchen.

„Lena, du hast der Elfen- wie auch der Menschenwelt einen sehr großen Dienst erwiesen.“ Die Elfenkönigin lächelte milde. „Und wie ich sehe, wurde dir auch schon dafür gedankt.“

Lena strich stolz über den Stern auf ihrem Kleid. „Er ist so schön“, sagte sie. „Sternchen hat ihn mir geschenkt.“

„Pass gut darauf auf! Nur selten erhält ein Mensch ein Geschenk von einer Elfe. Es ist etwas ganz Besonderes, denn bei uns im Elfenreich gibt es einen uralten Brauch: Wer von fünf Elfen ein Geschenk erhält, hat einen Wunsch frei“,

erklärte Königin
Mirabella andächtig.

„Ich wüsste sofort, was ich mir wünschen würde, wenn ich einen Wunsch frei hätte“, dachte Lena.

„Du hast da übrigens ein zauberhaftes Mondstein-Kettchen“, sagte Königin Mirabella, als ihr Blick auf Lenas Handgelenk fiel. „Es kommt mir irgendwie bekannt vor. Woher hast du es?“

„Meine Großmutter hat es mir geschenkt“, antwortete Lena. „Seltsam“, wunderte sie sich. „Woher kennt die Elfenkönigin Omas Armkettchen?“

„Aha, so etwas Ähnliches habe ich mir schon gedacht“, meinte die Königin schmunzelnd.

Als Lena an ihre Oma dachte, bekam sie plötzlich

Heimweh. „Liebe Königin, hier bei Euch im Elfenwald ist es wunderbar. Und alle sind so nett und freundlich. Aber so langsam möchte ich wieder nach Hause. Wisst Ihr, wie ich wieder in meine Welt zurückkomme?“, fragte sie.

Die Elfenkönigin runzelte nachdenklich die Stirn. „Ich weiß leider nicht genau, wie der Zauber wirkt, der dich hierhergebracht hat. Deshalb kann ich dir auch nicht sagen, wie du wieder zurückgelangst.“ Sie blickte Lena mit ihren weisen Augen an. „Ich erinnere mich jedoch an ein ganz außergewöhnliches Mädchen, das vor langer Zeit unsere Welt besucht hat. Es war etwa in deinem Alter und trug auch ein solches Tutu. Es erzählte mir damals, dass der Zauber, der es hierherbrachte, etwas mit seinem Ballettkleid zu tun hätte. Vielleicht hilft dir das weiter.“

Lena nickte. Das war zumindest ein Anfang. „Danke für den Hinweis“, sagte sie froh.

Auf einmal kam eine in zartgrüne Blätter gekleidete Elfe mit dunklen Haaren angeflattert, trat an die Königin heran und flüsterte ihr etwas zu.

„Entschuldigt bitte, aber ich muss euch jetzt leider verlassen“, sagte Königin Mirabella daraufhin mit unruhigem Blick. „Ich muss etwas sehr Wichtiges erledigen. Es hat mich sehr gefreut, dich kennenzulernen, Lena. Auf Wiedersehen, Sternchen.“ Sie nickte den beiden noch einmal zu und flog dann mit der dunkelhaarigen Elfe in den sternenübersäten Nachthimmel.

Eine magische Spitzendrehung

„Jetzt muss ich noch herausfinden, wie der Zauber funktioniert“, seufzte Lena.

„Komm, lass uns zu den anderen gehen. Gemeinsam lässt es sich doch viel besser nachdenken“, schlug Sternchen vor.

Sternchen und Lena liefen zu den vier Elfenballerinen, die mit ein paar Elfenkindern auf der Lichtung fröhlich tanzten.

Sternchen rief Sonnenschein, Veilchen, Morgentau und Mondschimmer zu sich und berichtete ihnen kurz, was die Elfenkönigin zu Lena gesagt hatte. Daraufhin setzten sich die fünf Elfen mit Lena an einen ruhigen Platz, um sich zu beratschlagen.

„Hast du denn irgendwas Bestimmtes gesagt, kurz bevor du in unserer Welt gelandet bist? Irgendwelche magischen Worte?“, wollte Veilchen wissen.

Lena versuchte, sich an den Moment zu erinnern, bevor sie im Elfenwald gelandet war. „Ich weiß nicht“, sagte sie unsicher. „Alles ging so schnell. Nein, ich glaube, ich habe nichts gesagt."

„Hast du vielleicht eine bestimmte Bewegung gemacht, zum Beispiel mit der Hand über das Tutu gestrichen?", fragte Sternchen.

„Hmmm, könnte schon sein", überlegte Lena.

„Gut, dann lass es uns mal versuchen", sagte Sternchen eifrig. „Streiche mit deinen Händen über dein Ballettkleid. Bestimmt bist du dann in null Komma nichts wieder zu Hause."

„In Ordnung, aber zuerst verabschiede ich mich von euch. Nur, falls es wirklich klappt“, meinte Lena.

Sie umarmte die Elfen eine nach der anderen. Morgentau verdrückte sogar ein paar Tränen. Der Abschied von Sternchen fiel Lena am schwersten.

„Pass gut auf dich auf. Und wer weiß, vielleicht sehen wir uns ja irgendwann einmal wieder“, verabschiedete sich Sternchen und zwinkerte Lena aufmunternd zu.

Lena stellte sich aufrecht hin und schloss die Augen. Dann strich sie sanft über ihr Ballettkleid. Sie konnte Sternchens Glitzerstern unter ihren Fingern fühlen und lächelte. Aber sonst fühlte sie nichts. War sie schon wieder in ihrer Welt? Langsam öffnete sie die Augen und blickte in die enttäuschten Gesichter der Elfenballerinen.

„Es hat nicht geklappt“, sagte Mondschimmer traurig. „Und jetzt?“

Ratlos sahen sich die sechs Balletttänzerinnen an.

Lena suchte nach einer Erklärung. „Vielleicht hat sich Königin Mirabella getäuscht und es hat doch nichts mit meinem Kleid zu tun.“

„Nein, das kann nicht sein.“ Energisch schüttelte Veilchen den Kopf.

Da sagte Morgentau auf einmal schüchtern: „So ein Ballettkleid ist zum Tanzen da, nicht wahr? Es kann doch sein, dass der Zauber durch einen bestimmten Tanzschritt ausgelöst wird.“

Sternchen schlug sich mit der Hand gegen die Stirn: „Morgentau hat recht! Das muss es sein! Lena, hast du Ballett getanzt, bevor du hierherkamst?“

Lena überlegte. Dann sagte sie aufgeregt: „Jetzt erinnere

ich mich wieder! Ich hatte gerade ein paar Tanzschritte für das Ballettstück geübt."

„Zeig sie uns!", bat Sonnenschein.

Lena stellte sich in die erste Grundposition. Dann wechselte sie in die vierte Position: Sie stellte ihre Füße mit gekreuzten Beinen parallel zueinander und die Zehenspitzen nach außen, hob ihren rechten Arm und öffnete den anderen zur Seite.

„Bitte bring mich nach Hause!", dachte sie. Die Kristallsteine auf Lenas Tutu begannen zu funkeln und die Luft vibrierte auf einmal.

„Mach weiter so!", rief Sternchen ihr zu.

Lena stellte sich auf Zehenspitzen und vollführte eine Spitzendrehung. Im selben Moment verschwamm die Welt um sie herum, ein Summen wie von unzähligen Libellenflügeln erklang und sie wurde von einem glitzernden Wirbel erfasst. Bereits im nächsten Augenblick fand sie sich im Umkleideraum des Burgtheaters von Burg Schlotterstein wieder. Sie konnte kaum fassen, dass sie zurück in ihrer Welt war.

„Lena, wo bleibst du denn?“, hörte sie Frau Karlowa, ihre Ballettlehrerin, rufen.

„Ich bin wieder da!“, jubelte Lena. „Und es ist gar keine Zeit vergangen! Oder habe ich das alles geträumt?“ Sie blickte auf ihr Kleid. Ein winziger Stern glitzerte darauf. Nein, es war kein Traum gewesen!

Lena eilte zu einem Fenster und schaute hinaus. Draußen war es bereits dunkel und die Sterne leuchteten!

Schnell lief sie zum Seiteneingang der Bühne, wo die anderen Ballettschüler schon für ihren Auftritt bereitstanden. Alle waren nervös und hüpften von einem Bein aufs andere. Alle, bis auf eine: Lena. All die Aufregung, die sie vor ihrer Reise zu den Elfen verspürt hatte, war wie weggeblasen. Schließlich hatte sie heute schon mit vier Elfen in einem Sternenballett getanzt. Dagegen war ihre Rolle in *Dornröschen* doch ein Klacks! Sie blickte auf ihr glitzerndes Tutu und das Mondstein-Kettchen. Beides hatte sie von Oma Rosa geschenkt bekommen.

„Ob Oma Rosa wohl über das Kleid und die Elfen Bescheid weiß? Ich muss sie nachher unbedingt fragen“, dachte Lena und lief mit einem Lächeln auf die Bühne.

Galopp wider Willen

Galopp wider Willen

„Bist du bereit?“, fragte Herr Billerbeek am Samstagmorgen nach dem Frühstück. Herr Billerbeek war der Besitzer der Ponypension, in der Svea, ihr älterer Bruder Tom und ihre Eltern ein verlängertes Wochenende verbrachten.

Svea nickte aufgeregt. Gleich begann die allererste Reitstunde ihres Lebens!

Anka, ihr Reitpferd, war eine sandfarbene Haflingerstute. Wie zwei große dunkle Murmeln glänzten ihre wachen Augen und ihre weißblonde Mähne war frisch gebürstet und ganz weich.

„Freunde dich schon mal mit ihr an", sagte Herr Billerbeek. „Ich hole in der Zwischenzeit Sattel und Zaumzeug."

Vorsichtig streckte Svea ihre Hand nach Ankas weicher Nase aus.

Anka erwiderte die Begrüßung freudig.

Svea lächelte ihre Mutter an. „Sieht sie nicht wunderschön aus?“

Ihre Mutter nickte. „Tom, komm doch auch mal!“, rief sie.

Tom, der ganz in der Nähe auf einer umgedrehten Futtertonne saß und auf seinem Nintendo herumdrückte, schüttelte den Kopf. „Kann ich nicht zurück in unsere Ferienwohnung gehen?“

„Nichts da. Papa arbeitet am Computer und will eine Stunde lang nicht gestört werden. Jetzt komm schon, das ist doch spannend!“

Tom verdrehte genervt die Augen und murmelte: „Ganz toll! Mini-Schwester reitet auf einem Mini-Pferd. Voll der Megabrüller." Sein Nintendo dudelte eine fröhliche Melodie. „Yes!", rief er und ballte die Faust. „Drei Extraleben!"

Svea bemerkte, dass Anka den Kopf schüttelte und aufgeregt schnaubte. Das Geräusch machte ihr Angst.

In diesem Moment kam Herr Billerbeek zurück. Gemeinsam sattelten sie Anka und führten sie aus der Box hinüber zur Reithalle.

Svea hatte vor Aufregung ganz weiche Knie.

Ihre Mutter winkte ihr aufmunternd zu. Sie und Tom

nahmen auf einem der Zuschauersitze am Rand Platz, während Herr Billerbeek, Svea und Anka in die Mitte der Halle gingen.

Der Boden war voller Sägespäne. Svea sackte bei jedem Schritt ein.

In der Mitte der Halle blieb Herr Billerbeek stehen. Er half Svea beim Aufsteigen. Und dann ging es los: Herr Billerbeek führte Svea und Anka an der Longe, einem langen Seil, das am Zaumzeug befestigt war, im Kreis herum.

Anka gehorchte aufs Wort und reagierte auf jede Bewegung, die Svea mit ihren Zügeln und Oberschenkeln machte.

Wie schön das schaukelte. Svea hätte ewig so weiterreiten können!

Und dann passierte es: Genau in dem Moment, in dem Svea und Anka an den Zuschauerplätzen vorbeikamen, dudelte Toms Nintendo wieder los. Anka erschrak, scheute – und verfiel in Galopp!

„Hilfe!“ Svea rutschte hilflos im Sattel herum. Fast verlor sie einen Steigbügel. „Hilfe!“

„Ruuuhiiig. Ruuuhiiig." Herr Billerbeek versuchte, Anka mit der Longe zum Stehen zu bringen. Aber das Tier hatte sich so erschreckt, dass es auf keines seiner Signale hörte. „Halt die Zügel fest und die Ellbogen dicht am Körper! Die Fersen nach unten drücken! Und den Po fest in den Sattel!", rief Herr Billerbeek Svea zu. „Stell dir vor, unter deinem Po läge ein Zwanzigeuroschein, der nicht wegfliegen darf!"

Was hatte er gesagt? Sveas Gedanken wirbelten herum wie das Sägemehl unter Ankas Hufen. Alles ging so schnell!

Sie versuchte, sich den Zwanzigeuroschein unter ihrem Po vorzustellen. Tatsächlich: Ihr Po hopste auf einmal nicht mehr auf und ab, sondern blieb im Sattel! Anka wurde langsam ruhiger und blieb schließlich stehen.

Svea atmete auf. Ihr Herz klopfte bis zum Hals.

Herr Billerbeek half ihr aus dem Sattel. „Herzlichen Glückwunsch zu deinem ersten Galopp. Du wirst mal eine sehr gute Reiterin“, sagte er.

Svea lächelte stolz. Ihre Mutter umarmte sie erleichtert.

Auch Tom klopfte ihr anerkennend auf die Schulter. „Tut mir echt leid. Aber du warst super!“ Er sah Herrn Billerbeek an. „Darf ich auch mal?" Er schien die Mini-Pferde auf einmal doch ganz spannend zu finden.

Seine Mutter machte ein gequältes Gesicht. „Aber nur, wenn du mir vorher auch noch drei Extraleben besorgst. Noch so einen Schreck überlebe ich nämlich nicht!"

Alle lachten. Tom bekam auch noch eine Reitstunde. Und es sah ganz so aus, als wäre es nicht seine letzte.

Quellenverzeichnis

Prinzessin Rosalea rettet die Elfenkönigin
von Alexandra Fischer-Hunold
Illustriert von Julia Ginsbach
© 2009 Loewe Verlag GmbH, Bindlach

Ein Häuptling namens Mia
Spuk im Pony-Internat
Galopp wider Willen
aus
Ponygeschichten
von Karen Christine Angermayer
Illustriert von Julia Ginsbach
© 2012 Loewe Verlag GmbH, Bindlach

Die Elfenballerina tanzt mit den Sternen
von Amelie Benn
Illustriert von Betina Gotzen-Beek
© 2010 Loewe Verlag GmbH, Bindlach

Silberflosse – Der Lichterschatz der Delfine
von Karen Christine Angermayer
Illustriert von Lisa Althaus
© 2010 Loewe Verlag GmbH, Bindlach

Lisa Althaus wurde in Österreich geboren. Sie studierte an der Universität für angewandte Kunst in Wien und an der Akademie der Bildenden Künste in München. Seit 1981 illustriert sie Kinderbücher. Nach über 20 Jahren in München lebt sie heute mit ihrer Familie in einem alten Haus in den Bergen und arbeitet als freie Künstlerin und Illustratorin.

Karen Christine Angermayer wurde 1975 in Arnsberg im Sauerland geboren. Schon mit fünf Jahren schrieb sie Geschichten in „Indianerschrift“, die niemand außer ihr lesen konnte (sollte!). Nach ihrem Studium in Diplom-Photoingenieurwesen in Köln ging sie zunächst mehrere Jahre lang zum Film und fand dabei zu ihren Geschichten zurück. Sie absolvierte verschiedene Ausbildungen rund ums Schreiben, gründete im Jahr 2000 ihr eigenes Unternehmen und arbeitet inzwischen seit mehr als zehn Jahren als Autorin, Trainerin und Coach. Karen Christine Angermayer lebt mit ihrer Familie in einem Weindorf in Rheinhessen. Mehr zu der Autorin unter www.worte-die-wirken.de.

Betina Gotzen-Beek, geboren 1965 in Mönchengladbach, schlug beim Malen im Kindergarten alle Rekorde; später zu Hause musste die Kinderzimmertapete dran glauben. Nach vielen Reisen durch Europa studierte sie Malerei und Grafikdesign. Seit 1996 illustriert sie Kinderbücher und lebt heute mit ihrer Familie in Freiburg.

Amelie Benn wurde 1974 in Süddeutschland geboren. Schon als Kind liebte sie Bücher über alles und las vor allem Märchen und Fantasy-Geschichten. Während ihres Studiums hat sie zeitweise in Nepal, Israel und England gelebt. Dort hat sie viele magische Orte besucht und Ideen für eigene Geschichten gesammelt. Heute lebt Amelie Benn in Stuttgart und geht ihrer Lieblingsbeschäftigung nach: Kinderbücher schreiben und mit ihrer Katze Naomi spielen!

Alexandra Fischer-Hunold wurde 1966 in Düsseldorf geboren. Sie studierte Germanistik und Anglistik und arbeitete im Anschluss daran bei einem Kölner Reiseführerverlag. Seit einiger Zeit schreibt sie erfolgreich Kinderbücher und Vorlesegeschichten. Alexandra Fischer-Hunold lebt mit ihrem Mann, ihrer Tochter und ihrem Hund in Westfalen.

Julia Ginsbach wurde 1967 in Darmstadt geboren. Nach ihrer Schulzeit studierte sie in Heidelberg und Frankfurt Musik, Kunst und Germanistik. Heute lebt sie mit ihrer Familie, vielen Tieren, Pinseln, Farben, Papier und ihrer Geige in einem alten Haus in Norddeutschland und arbeitet als freie Illustratorin.

Zeit zum Vorlesen, ...

ISBN 978-3-7855-7071-5

Wenn der Mond am Himmel aufgeht und die Sterne leuchten, ist die schönste Zeit für Geschichten! Die Indianerkinder Kleiner Bär und Kluger Biber schicken lustige Rauchzeichen zu ihren Freunden. Die Wildschweine Borste und Schnüffel spielen Detektiv und der kleine Pirat übt, noch furchterregender auszusehen. Die abwechslungsreichen Geschichten laden zum gemeinsamen Lesen und Kuscheln ein und nehmen die kleinen Zuhörer mit ins Land der Träume.

Loewe

… Kuscheln und Träumen

ISBN 978-3-7855-7562-8

Wenn abends der freundliche Mond aufgeht und die Sterne herrlich funkeln, ist es Zeit für Geschichten! Karla darf zum ersten Mal bei ihrer Freundin übernachten, die kleinen Eisbären gehen auf Entdeckungsreise und die Knusperhexe lässt Schokolade regnen. Die abwechslungsreichen Geschichten laden zum gemeinsamen Lesen und Kuscheln ein und führen die kleinen Zuhörer ins Land der Träume!

Jetzt geht's auf wunderbare Fantasiereise!

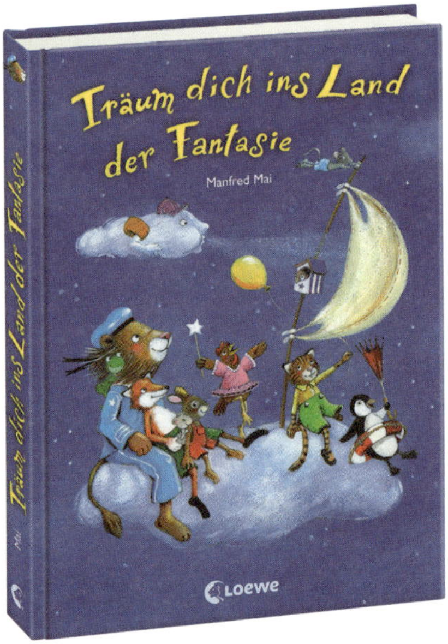

ISBN 978-3-7855-6813-2

Frau Holle lässt weiße Federn auf die Welt hinabschneien, Alice erlebt ein aufregendes Traumabenteuer und Dornröschen wird von einem schönen Königssohn wachgeküsst. In diesem Vorleseschatz sind viele bekannte Märchen und Geschichten gesammelt, die Groß und Klein vom zauberhaften Land der Fantasie träumen lassen.

Loewe

Traumreisen bis zum Mond und zu den Sternen!

ISBN 978-3-7855-4259-0

ISBN 978-3-7855-5497-5

ISBN 978-3-7855-6030-3

„Bitte noch eine Geschichte!“

Für die kleine Nixe Melusinchen und ihre Freunde gibt es nichts Schöneres, als Erzählungen zu lauschen, sich aneinanderzukuscheln und zu träumen. Auch die kleinen Zuhörer können bei diesen vielen lustigen und spannenden Geschichten mit der Himmelslaterne auf Abenteuerreise gehen, in der Sternenschaukel träumen oder auf der Mondleiter bis in den Himmel klettern.

Loewe

Ich für dich, du für mich

Erlebe weitere Abenteuer zum
Vor- und Selbstlesen!

ISBN 978-3-7855-7010-4

ISBN 978-3-7855-7036-4

ISBN 978-3-7855-7472-0

ISBN 978-3-7855-7435-5

ISBN 978-3-7855-7194-1

ISBN 978-3-7855-7277-1

LESELÖWEN
Das Original